Diana Hillebrand

Das Geheimnis der Türen

Max und Emily entdecken das Freilichtmuseum Glentleiten

Diana Hillebrand
Illustrationen von
Martina Mair

DAS GEHEIMNIS DER TÜREN

Max und Emily entdecken das Freilichtmuseum Glentleiten

Volk Verlag **München**

Die Deutsche Bibliothek verzeichnet diese Publikation in der Deutschen
Nationalbibliografie; detaillierte bibliografische Daten sind im Internet über
http://dnb.ddb.de abrufbar.

© 2013 by Volk Verlag München; Streitfeldstraße 19; 81673 München
Tel.: 089 / 420 79 69 80; Fax: 089 / 420 79 69 86

Druck: Stürtz GmbH Würzburg

ISBN 978-3-86222-120-2
www.volkverlag.de

INHALT

Hallo,

ich bin der **Max**. Eigentlich heiße ich Maximilian, aber so nennt mich niemand. Nur wenn meine Mutter böse ist, ruft sie mich Maxi-mi-li-an! Den Namen kann man so schön in die Länge ziehen, sagt sie immer. Je frecher ich bin, desto länger wird mein Name. Es gibt also noch eine Steigerung, wenn sie richtig sauer ist: Maxiii-miii-liii-aaan. Wenn sie mich so ruft, dann brennt die Luft, aber das kommt zum Glück nur sehr selten vor.

Wir wohnen ganz in der Nähe vom Freilichtmuseum Glentleiten – und ich treibe mich bei jeder Gelegenheit auf dem Museumsgelände herum. Eines Tages habe ich gesehen, wie sie ein ganzes Haus hierher gebracht haben. Könnt Ihr Euch das vorstellen? Da hat es mich gepackt: das Glentleiten-Museumsfieber. Denn dieses Freilichtmuseum ist wirklich etwas ganz Besonderes. Alle Häuser und Gegenstände, die hier ausgestellt sind, erzählen von den Menschen, die darin gelebt haben, von schweren und schönen Zeiten. Das Freilichtmuseum hat es sich zur Aufgabe gemacht, die Häuser und Familiengeschichten für die Nachwelt zu bewahren. Inzwischen sind über 60 Gebäude zu besichtigen.

Ihr glaubt nicht, was für Geheimnisse hier schlummern! Zusammen mit meiner besten Freundin **Emily** durchstöbern wir jeden Winkel der Häuser und spüren Geschichten aus längst vergangenen Zeiten auf. Manchmal wird es dabei sogar richtig spannend, zum Beispiel wenn wir die Munition für das Gewehr eines

Wilderers finden. Doch es gibt auch Geschichten über alte Münzen und eine wertvolle Kapelle. Wir haben erfahren, warum ein Mistkarrenaufzug wichtig ist und womit die Kinder früher gespielt haben.

Ihr fragt Euch bestimmt, warum ich so gut Bescheid weiß? Ich kenne das Geheimnis der Türen! Mein Großvater hat es mir verraten und seither hüte ich es wie einen Schatz. Nur Emily weiß davon. Was es genau mit diesem Geheimnis auf sich hat, erfahrt Ihr in den Geschichten hier im Buch. Denn in diesem Museumsführer findet Ihr nicht nur Interessantes zu den verschiedenen Häusern im Freilichtmuseum Glentleiten, sondern auch die spannenden Abenteuer, die Emily und ich erlebt haben. Die Geschichten dazu lest Ihr in den Kapiteln mit der Überschrift „Hinter den Türen…"

Alles Wissenswerte zum Freilichtmuseum, den Häusern und den Bewohnern findet Ihr in der „Schlaumeierei".

Viel Spaß beim Lesen und Entdecken wünscht Euch

Euer Max

SCHLAUMEIEREI

Freilichtmuseum Glentleiten

Das Freilichtmuseum Glentleiten befindet sich in der Nähe des oberbayerischen Ortes Murnau. Es liegt oberhalb des Dorfes Großweil sehr schön auf einer Anhöhe und man hat einen tollen Blick über „das Blaue Land". So wird die Gegend zwischen Murnau und Kochel auch genannt. Den Malern Franz Marc und Wassily Kandinsky gefielen die verschiedenen blauen Farb- und Lichtstimmungen, deshalb trägt diese Gegend auch den schön klingenden Namen „das Blaue Land". Blau wurde zur wichtigsten Farbe für ihre Bilder. Die Künstler gründeten eine Gruppe mit dem Namen „Der Blaue Reiter".

Das Freilichtmuseum wurde 1976 eröffnet. Die Besucher können hier auf sehr anschauliche Art und Weise sehen, wie die Menschen im ländlichen Oberbayern in den vergangenen Jahrhunderten gebaut, gewohnt und von was sie gelebt haben. Inzwischen gibt es im Museum über 60 original erhaltene Gebäude. Sie wurden an ihren ursprünglichen Standorten abgebaut und an der Glentleiten zum Teil „Stein für Stein" wieder errichtet. Die Versetzung der Häuser an einen anderen Ort nennt man „Translozierung". Der Wiederaufbau der Häuser macht viel Arbeit. Manche Hausdächer wurden mit rund 10.000 Holzschindeln gedeckt! Heutzutage verwendet man dafür keine Holzschindeln mehr, sondern deckt die Dächer mit gebrannten Ziegeln.

Das Besondere ist, dass sich in den Häusern zum Teil die originale Inneneinrichtung befindet. Das Museumsteam der Glentleiten befragt die ehemaligen Bewohner der Häuser nämlich sehr genau, wie es dort früher ausgesehen hat. Die Vorbesitzer überlassen dem Museum häufig auch Einrichtungs- und Alltagsgegenstände. Diese werden mit dem Haus zusammen ausgestellt. Es werden Fotos gesichtet und Erinnerungen aufgeschrieben. Wenn dann ein Haus an der Glentleiten für die Besucher geöffnet wird, soll es innen und außen so echt wie möglich sein.

Heute befindet sich an der Glentleiten die größte Sammlung des ländlichen Lebens in Oberbayern. Es gibt Kleidung, Bettwäsche, Möbel, Werkzeug, Schlitten, Öfen und noch viel mehr zu entdecken. Stellt euch vor: Über 68.000 Objekte sind so inzwischen zusammengekommen!

Aber Ihr findet nicht nur Häuser an der Glentleiten, auch 105 Obstbäume stehen im Museum und es gibt Tierrassen, die zum Teil vom Aussterben bedroht sind. Die haben manchmal auch lustige Namen: Es gibt „Brillenschafe" und Hühner, die „rebhuhnfarbige Italiener" heißen. Aber auch Schweine, Gänse, Rinder und Pferde fühlen sich auf den saftigen Wiesen und Weiden wohl.

Alles fing damit an, dass ein Haus an Max vorbeifuhr und er neben sich eine wirklich süße Stimme hörte. Es war Emily, die gerade die Ferien bei ihrer Tante in Murnau verbrachte. Emily stand da wie eine Litfaßsäule und starrte dem vorbeifahrenden Haus nach. Naja, eigentlich war es ja nur ein Teil von einem Haus. Es war die erste „Translozierung", die Emily sah. Mit diesem komplizierten Wort wird die Versetzung eines Gebäudes von einem Ort an einen anderen bezeichnet. Emily hatte so etwas natürlich noch niemals gesehen und Max erzählte ihr, dass er das erste Mal genauso dumm aus der Wäsche geschaut habe. Doch von seinem Großvater Kurt hatte er alles über die Häuser an der Glentleiten und wie sie dorthin kamen erfahren.

Max wusste, dass auch früher ganze Häuser umgesiedelt worden waren. Schon im 16. Jahrhundert wurden Blockbauten, die aus Stämmen zusammengefügt waren, versetzt. Das machte man zum Beispiel, wenn ein Haus an einem Flussufer abzurutschen drohte oder wenn ein Hof „umzie-

hen" musste. In solchen Fällen wurde nicht einfach ein neues Haus gebaut, sondern das alte mitgenommen und darin weitergelebt. Denn Baumaterial war kostbar und man konnte nicht einfach in einen Baumarkt gehen und sich neues kaufen. Deshalb verwendete man es immer wieder oder zog – wenn möglich – mit dem ganzen Haus um.

Emily war sehr beeindruckt. Max wusste alles über die Häuser und Almen, vor allem aber erzählte er ihr von seinem Großvater Kurt, der als Zimmerer an der Glentleiten gearbeitet hatte.

Wenn so ein Haus „verpflanzt" wird, dann ist das eine ziemlich aufwendige Arbeit für alle, die dabei mithelfen. Manche Häuser, die transloziert werden, werden in große Stücke geschnitten und auf dem Museumsgelände wieder zusammengesetzt. Andere werden Stein für Stein und Balken für Balken abgebaut und am neuen Standort wieder errichtet. Um das richtig hinzubekommen, muss man alles ganz genau vermessen und beschriften. So ein Haus ist wie ein großes kompliziertes Puzzle. Es werden sehr viele Fotos gemacht, die das Haus in seinem ursprünglichen Zustand zeigen. Deshalb gibt es an der Glentleiten auch ein riesiges Bildarchiv, in dem über 100.000 Fotos aufbewahrt werden. Man kann sagen, dass man jeden Stein und jedes Stück fotografiert und nummeriert. Alles soll ja so ursprünglich wie möglich sein. Nur wenn etwas nicht repariert werden kann, verwendet man neue Teile. Es arbeiten sehr viele unterschiedliche Fachleute daran, das Haus in seinem früheren Zustand wiederherzustellen. Dabei kommen Maurer, Zimmerer, Restauratoren, Volkskundler, Historiker und sogar Archäologen zum Einsatz.

Max' Großvater Kurt hatte viele Jahre damit verbracht, die Häuser an der Glentleiten aufzubauen oder instand zu setzen. Oft saß Max in der Werkstatt auf seinem Schoß und ließ sich die Geschichten der Familien, die in den Häusern gewohnt hatten, erzählen. Er merkte sich jedes einzelne Wort und freute sich, dass er Emily nun alles erzählen konnte. Sie war leise wie ein Mäuschen. Und irgendwann lehnte sie sich zurück und seufzte: „Ach Max, wenn man das alles doch nur einmal miterleben könnte."

Da funkelten Max' Augen und mit einem verschwörerischen Blick und leiser Stimme verriet er ihr schließlich das Geheimnis der Türen, von dem Großvater Kurt ihm einst erzählt hatte. Max war damals sieben Jahre gewesen. Max senkte die Stimme und sagte geheimnisvoll: „Es war ein trüber Wintertag und ich wusste nicht, was ich spielen sollte. Den ganzen Tag schlich ich allein auf dem Freilichtmuseumsgelände herum. Opa war im Werkhof des Museums und reparierte ein Stück Regenrinne aus Holz für eines der Häuser. Er bemerkte meinen betrübten Blick und rief mich zu sich: ‚Komm mal zu mir, Max. Ich möchte dir etwas zeigen.'

Wie immer roch Opa nach Sägespäne und in seinem Bart hatte sich feiner Holzstaub verfangen. Seine grauen

Augen mit den drahtigen Augenbrauen blinzelten mich hinter einer runden Brille an. Sie war auch sehr staubig. Ich wunderte mich, dass Großvater überhaupt etwas sehen konnte. Er war damals schon richtig alt. Er schaute mich geheimnisvoll an und legte einen Finger auf seine Lippen. Ich sagte keinen Ton. Dann nahm er mich bei der Hand und führte mich zu einem der alten Häuser. Wir gingen hinein, direkt in die Küche. Darin war ein alter Holzofen ausgestellt, auf dem die Frauen früher gekocht hatten.

Ich erschrak ein bisschen, als Opa mich eindringlich ansah und seine Augen zu leuchten schienen.

‚Heute, mein lieber Max, verrate ich dir das größte Geheimnis meines Lebens, und du musst mir versprechen, dass du es nur Menschen verrätst, denen du absolut vertraust. Kann ich mich auf dich verlassen?'

Ich schluckte und nickte. Dann ging Opa neben mir in die Hocke, öffnete die Tür, in der früher das Holz für den Ofen eingeschoben wurde, und machte ein Zeichen, dass ich hineinschauen solle.

Und was ich dort sah, sollte mein ganzes Leben verändern! Denn durch diese Tür im Ofen blickte ich in eine andere Welt und in eine andere Zeit. Es war genau die gleiche bäuerliche Küche, in der wir gerade noch allein gewesen waren. Doch jetzt konnte ich die ehemaligen Bewohner des Hauses beobachten. Ich roch den herben Duft des Mittagessens, der schwer in der Luft lag. Ich sah eine alte Frau, die die Teller auf dem Tisch verteilte, sah Kinder, die mit großen hungrigen Augen am Tisch saßen, jedes mit einem Löffel in der Hand…

Erstaunt schaute ich Großvater an, weil ich nicht verstand, was da passierte. Doch er legte einen Finger auf die Lippen, zwinkerte, schloss die Ofentür und ging ohne weitere Worte mit mir hinaus…"

Emily hatte die Luft angehalten und atmete nun hastig ein. Was für eine Geschichte. Sie konnte nicht glauben, was Max gerade erzählt hatte. Großvater Kurt starb und hinterließ Max sein Geheimnis der Türen.

„Du darfst es niemandem erzählen, Emily. Versprich es." Emily legte drei Finger auf ihr Herz. „Ich verspreche es." Von diesem Tag an sollten alle Ferien, die Max und Emily gemeinsam an der Glentleiten verbrachten, voller Geheimnisse und Abenteuer sein.

Schlaumeierei

Systembauhalle aus Warngau (T11)

Im Herbst 2006 bekam das Freilichtmuseum einen interessanten Anruf. Dem Museum wurde ein ehemaliges Sägewerk aus Warngau, Landkreis Miesbach, angeboten. Als man hörte, dass das Dach im „Zollinger System" errichtet sei, schlugen die Herzen der Museumsmitarbeiter höher. Denn diese außergewöhnliche Dachkonstruktion gibt es nur noch selten.

Bei der Besichtigung fand man tatsächlich die lamellenartige Dachkonstruktion vor, allerdings war das Gebäude einsturzgefährdet, nachdem im Winter schwerer Schnee darauf gelegen hatte. Ein Teil des Daches war schon stark beschädigt. Die Halle wurde notdürftig gegen Einsturz gesichert und im Frühjahr 2007 begann man mit der Translozie-

Bild oben: Früher wurde hier gesägt, dass die Späne flogen. Heute wird die Halle für Ausstellungen und Veranstaltungen genutzt.

rung. Zwei Jahre hat es gedauert, die „Zollingerhalle" abzubauen und an der Glentleiten wieder zu errichten. Heute wird dort aber nicht mehr die Einrichtung des ehemaligen Sägewerks gezeigt. Vielmehr kann man den freien Blick auf das wunderschöne Gitterwerk des Dachs genießen. Außerdem wird die Halle als Ausstellungs- und Veranstaltungsraum genutzt.

Tipp: Die Akustik in der Halle ist toll. Probiert sie doch mal aus!

Geschichte des Sägewerks

Johann Bichler reichte im Jahr 1928 einen Bauplan für das Sägewerk mit dem Zollingerdach ein. Bichler hatte gute Gründe für den Bau des Sägewerks: Durch einen Sturm war ein Teil der Bäume in seinem Wald beschädigt worden. Aus diesem Holz sollte das Sägewerk gebaut werden. Außerdem wollte er seinem zweiten Sohn Marinus eine berufliche

Die Sägewerksmitarbeiter von Marinus Bichler posieren in Arbeitskleidung und mit Werkzeug am Sägegatter, um 1930.

Zukunft sichern. Denn nur der erstgeborene Sohn Johann würde den Hof und die Landwirtschaft weiterführen.

Das Sägewerk Bichler entstand auf einem Grundstück in der Nähe der Eisenbahnstation Warngau. Das war ein sehr guter Standort, weil auch Kunden in den Großstädten per Bahn beliefert werden konnten. Später, als Autos wichtiger und häufiger wurden, gab es eine Anbindung an die Autobahn.

Das Zollingerdach

Johann Bichler entschied sich beim Bau seines Sägewerks für das damals beliebte „Zollingerdach". Die Idee für dieses besondere Dach hatte ein deutscher Architekt mit dem Namen Friedrich Zollinger, der am 31. März 1880 in Wiesbaden geboren wurde. 1918 wurde er Stadtbaurat in Merseburg, das liegt im heutigen Bundesland Sachsen-Anhalt. Da nach dem Ersten Weltkrieg die Wohnungsnot groß und Holz teuer war, erfand er das „Zollingerdach". Für diese einfache Bauweise brauchte man nämlich viel weniger Holz und die künftigen Bewohner des Hauses konnten beim

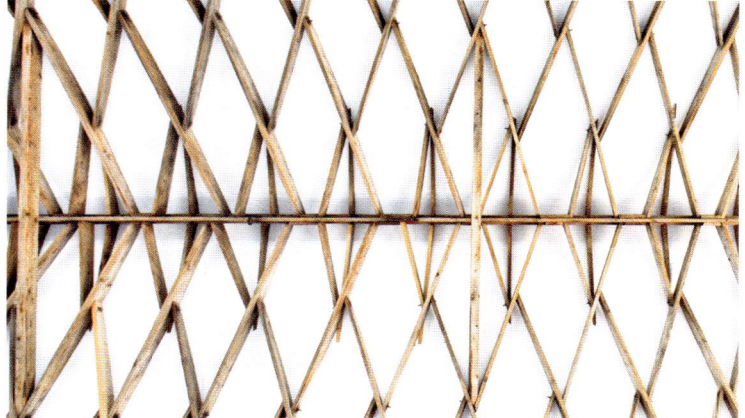

Die Dachkonstruktion von unten: Dank dieser Bauweise benötigt man bis zu 40 Prozent weniger Holz als bei einem „normalen" Dachstuhl.

Bau sogar mithelfen. Ihr erkennt ein solches Dach übrigens ganz leicht: Die offene Holzkonstruktion sieht von innen ein bisschen wie bayerische Rauten aus. Dafür wurden kurze Holzstücke aneinandergereiht und verschraubt. Das Dach braucht innen keine weiteren Stützen oder Balken. Ein „Zollingerdach" schwebt frei über dem Raum, deshalb wurden nicht nur Wohnhäuser, sondern auch Scheunen, Markthallen und sogar Kirchen auf diese Weise gebaut. Getragen wird das Dach allein durch die Wände. Da die Bauweise keine Stützbalken im Raum nötig machte, blieb viel Platz für Sitzbänke, Maschinen, Traktoren oder wie in diesem Fall für die Einrichtung eines Sägewerks.

Das Sägewerk der Familie Bichler war 24 Jahre lang in Betrieb und ernährte die sechsköpfige Familie von Marinus Bichler, der von Freunden nur „Marini" genannt wurde. Der Plan seines Vaters Johann Bichler ging also auf.

Hinter den Türen...
Marini
Bichler

An einem kalten Wintertag stapfte Max mit festen Schritten und Emily an der Hand durch den Schnee. Die Flocken wirbelten wild durch die Landschaft. Besucher gab es im Museum noch nicht, es herrschte Winterpause. Aber Max konnte Tag und Nacht im Museum ein- und ausgehen, denn er besaß einen Schlüssel für alle Häuser. Das hatte er seinem Großvater zu verdanken. Max hatte Emily schon so oft erzählt, wie er bei Großvater Kurt in der Werkstatt gewesen war. Der Duft von Holz und Sägemehl blieb für immer in seiner Nase. Max liebte diesen Geruch und wollte ihn endlich mit Emily teilen. Und es gibt einen Ort an der Glentleiten, an dem Holz für lange Zeit eine wichtige Rolle gespielt hatte. Heute würde er die große Tür zur „Zollingerhalle" öffnen. Emily ließ sich nur widerwillig mitziehen. Sie bockte wie eine kleine Ziege.

„Wollen wir das wirklich machen, Max? Es ist so kalt." Max drehte sich um: „Komm Emily, genau zu dieser Jahreszeit wurden die Stämme mit einem Traktor angeliefert. Ich bin mir sicher, heute können wir es sehen!"

Emily zuckte mit den Schultern. Sie kannte ja sein Geheimnis. Max hatte ihr erzählt, an manchen Tagen könne er die Türen in die Vergangenheit öffnen. Aber Emily wusste nicht genau, ob sie das auch wollte. Ihr Widerstand wuchs mit jedem Zentimeter, den sie weitergingen. „Max, bitte lass uns nicht hineingehen." Sie blieb stehen: „Ich habe ein bisschen Angst."

Max lächelte sie an. „Du brauchst keine Angst zu haben, Emily. Es wird toll, glaub mir."

Schließlich siegte auch bei Emily die Neugier. Sie wollte wissen, ob Max wirklich Türen in die Vergangenheit öffnen konnte. Denn so richtig glaubte sie diese Geschichte eigentlich nicht. Vielleicht wollte Max nur ein bisschen angeben?

Vor dem großen Tor der „Zollingerhalle", die einst der Familie von Johann Bichler gehört hatte, blieb Max stehen und sah Emily beschwörend in die Augen: „Die Arbeiter da drin können uns nicht sehen und auch nicht hören. Wir sind für sie absolut unsichtbar. Okay, bist du bereit?"

Noch bevor Emily darauf etwas erwidern konnte, schob Max die Tür auf und ein eisiger Hauch wehte ihnen entgegen. Emily schüttelte sich und hatte das Gefühl, als habe sich die Luft noch um ein paar Grad heruntergekühlt. Doch dann blieb ihr die Spucke weg. Max hatte recht behalten. Sie standen vor einem voll ausgestatteten Sägewerk. Das Tor auf der gegenüberliegenden Seite war weit geöffnet und ein kalter Luftzug blies durch die große Halle.

Die Arbeiter waren gerade damit beschäftigt, einen dicken Baumstamm zu zersägen. Immer und immer wieder rieben sie sich die Hände, während sie sich über den tosenden Lärm der großen Säge hinweg etwas zuriefen. Niemand nahm Notiz von Max und Emily. Einige Männer trugen Hüte und ihre Kleidung sah anders aus als heutzu-

tage. Derbe Jacken aus Wollstoff und Leder in Braun und Grau. Keiner von ihnen trug die heute üblichen leuchtenden Funktionsjacken. Max atmete tief den vertrauten Geruch ein und flüsterte Emily ins Ohr: „Riechst du es, Emily? Riechst du es? Genauso hat es bei meinem Opa in der Werkstatt gerochen." Sägespäne stoben wie feiner Puderzucker durch die Luft, während der riesige Stamm in gleich starke Bretter gesägt wurde. Max deutete auf Marinus Bichler, den alle nur Marini riefen und der von seinem Vater das Sägewerk bekommen würde. Max kannte ihn von den alten Fotos aus dem Archiv. Er hatte einen schlauen Blick, dieser Marini. Später, als Erwachsener, würde er vier Kinder haben, alles Mädchen: Elisabeth, Maria, Christa und Hildegard. 24 Jahre lang lief die Säge in diesem Sägewerk und schnitt viele Baumstämme in die richtige Form. Eine Hamburger Schiffsbaufirma bestellte sogar Holzbohlen aus „astreinem" Fichtenholz. Emily musste lachen, als Max das erzählte. Denn nun wusste sie, woher der Ausdruck „astrein" kam. Damit war wohl Holz ohne Astlöcher gemeint. Astlöcher wären für die Schiffe ja auch der sichere Untergang gewesen.

Wenig später schlossen Max und Emily behutsam das große Tor und gingen leise nach Hause. Sie hatten ein eigenartiges Gefühl im Herzen. Es war aufregend gewesen, in die Vergangenheit zu blicken. Und ihnen war klar geworden, dass das Leben früher ganz anders gewesen war als heute. Emily kuschelte sich in ihre warme Jacke und war sehr gespannt, welche Geheimnisse hinter den Türen sie noch mit Max entdecken würde.

SCHLAUMEIEREI

Baugruppe Mühlen und Technik (T1 – T9)

Heute, in der hochtechnisierten Welt, haben wir Menschen manchmal Mühe, die große Menge an Energie und Strom zu gewinnen, die für Licht, Heizungen, Waschmaschinen, Autos, Computer, Backöfen, Kühlschränke, Radios, Fernseher und vieles mehr nötig ist. Unser gesamtes Leben ist von dieser Energie abhängig. Da einige Energiegewinnungsmöglichkeiten (z. B. Atomkraftwerke) mit Gefahren verbunden bzw. manche Energiequellen (Öl, Kohle) begrenzt sind, versucht der Mensch, auch andere natürliche Energievorräte zu nutzen. Dazu gehören in erster Linie Wind-, Wasser- und Sonnenenergie. Diese Idee der natürlichen Energiegewinnung ist gar nicht neu. Das erste Wasserrad wurde im

Bild oben: Wasser ist die treibende Kraft in der Baugruppe Mühlen und Technik.

3./4. Jahrhundert vor Christus in Griechenland erfunden und war ein großer Fortschritt für die Entwicklung der Technik. Denn nun konnte mithilfe der Wasserkraft sehr viel mehr Energie nutzbar gemacht werden als durch Muskelkraft. Die erste bekannte Windmühle, die übrigens eine Orgel betrieb, stammt von dem griechischen Erfinder „Heron von Alexandria", der im 1. Jahrhundert nach Christus lebte. Und schon die alten Ägypter nutzten die Sonnenenergie, um mithilfe von Glas und Spiegeln Wärme zu erzeugen.

Auf dem Gelände des Freilichtmuseums Glentleiten könnt Ihr die Energiegewinnung mit Wasser hautnah verfolgen. Die Erfindung des Mühlrades war wirklich eine große Sache für die Menschheit. Von nun an mussten nicht mehr ausschließlich Menschen und Tiere ihre Kraft einsetzen, um Geräte und Maschinen anzutreiben, nun übernahm die Kraft des Wassers einen Teil ihrer Arbeit.

Eigens zum Antrieb der Mühlen wurde ein künstlicher Stauweiher auf dem Gelände der Glentleiten angelegt, dessen Wasser in den Mühlkanal geleitet wird und insgesamt vier Mühlen mit ihren Wasserrädern antreibt: die Wetzsteinmacherei, die Getreidemühle, das Sägewerk und die Hammerschmiede. Wer genau hinschaut, findet einige fette Karpfen darin. Erwähnenswert ist auch die dort ausgestellte, über 200 Jahre alte Fischerhütte aus Kochel (T1), in der einst Netze, Reusen, Schnüre, Anker, Schwimmer, Bojen und Ruder aufbewahrt wurden.

Wetzsteinmacherei aus Unterammergau (T4)

Bis vor etwas mehr als 50 Jahren mähten die Bauern ihr Gras meist noch mit der Sense von Hand. Die Sense musste immer scharf sein (wie ein Messer), damit das Gras gut geschnitten werden konnte. Mithilfe eines Wetzsteins wurde die Sense regelmäßig geschärft. Diese Steine waren also ein wichtiger Gegenstand, der früher auf jedem Hof zu finden war. Sie wurden in sogenannten Wetzstein-

Es ist ein langer Weg vom Steinbruch bis zu einem fertigen Wetzstein. Regelmäßig an Samstagen könnt Ihr dem Wetzsteinmacher über die Schulter blicken.

machereien hergestellt und dann in ganz Europa verkauft. Die Wetzsteinmacherei im Museum stammt ursprünglich aus Unterammergau und wurde um 1900 errichtet.

Im Jahr 1865 gab es in Unterammergau 52 Steinbrüche und 32 Mühlen, davon 19 Doppelmühlen, die sich zwei Besitzer teilten. Im 19. Jahrhundert wurden in Unterammergau bis zu 200.000 Wetzsteine pro Jahr hergestellt. Diese große Anzahl an Wetzsteinen wurde aber nicht nur vor Ort verkauft, sondern in Fässer verpackt und nach Österreich, Ungarn, in die heutige Slowakei oder nach Kroatien verschifft. Später erfolgte der Transport mit der Eisenbahn. Lange Zeit, bis etwa 1950, war das Herstellen von Wetzsteinen ein lohnendes Geschäft. Erst, als Sense und Sichel durch Mähmaschinen und Traktoren ersetzt wurden und nicht mehr von Hand gemäht werden musste, benötigte man keine Wetzsteine mehr.

Bis aus einem Stück Stein ein brauchbarer Wetzstein entstand, waren viele Arbeitsschritte – über ein ganzes Jahr verteilt – notwendig. Für die einzelnen Arbeiten wurden verschiedene „Hütten" gebraucht: „Schleifhütte", „Stelzenhütte", „Beckhütte" und „Kalter". Um einen Wetzstein herzustellen, wurden im Spätsommer Platten aus den Steinbrüchen in den nahen Bergen gesprengt. Die unbehandelten Steine wurden dann im Herbst im „Kalter" zwischengelagert. Im Spätherbst schnitt man die Platten in der Stelzenhütte etwa 4 cm dick. Die Beckhütte war der einzig beheizbare Arbeits- und Aufenthaltsraum der Wetzsteinmacher. Im Winter wurden die Steine hier grob in Form gebracht. Daher hat die Beckhütte auch ihren Namen: Das Behauen der Steine hat man „becken" genannt. Im Frühjahr schliff man die Rohlinge in der Stelzenhütte in die runde Form. In der Schleifhütte bekamen die Steine dann ihren Feinschliff. Den großen Schleifstein trieb das Wasserrad an. Danach wurden die Wetzsteine gewaschen und im Haus oder Stall gelagert. Im Frühjahr verpackte man sie in Fässer und brachte sie zu den Kunden.

In der Stelzenhütte könnt Ihr heute noch zuschauen, wie ein Wetzstein entsteht. Hier findet jeden Samstag eine Vorführung statt. Alle, die die Vorführung verpassen, können an einer Filmstation in der Schleifhütte den letzten Wetzstein-macher aus Unterammergau bei der Arbeit erleben.

Getreidemühle aus Fischbach (T5)

Die Fischbachmühle wurde 1280 das erste Mal urkundlich erwähnt, seit 1499 war sie im Besitz der Familie Noderer. Deren Hausname war passenderweise „Fischbachmül-ler". Da nicht nur das eigene Getreide, sondern auch das Getreide der umliegenden Höfe in der Mühle gemahlen wurde, war die Fischbachmühle eine sogenannte „Lohn-mühle". Die Bauern mussten also für das Mahlen bezah-len. Bis 1965 war die Mühle in Betrieb. Täglich konnte der Müller hier 100 kg Getreide verarbeiten. Daraus entstan-den dann 75 kg Mehl und 25 kg Kleie. Moderne Mühlen von heute schaffen die zwanzig- bis fünfundzwanzigfache Menge.

Doch der Fischbachmüller setzte seine Wasserkraft auch noch für etwas anderes ein: Er hatte sein eigenes kleines Elektrizitätswerk und konnte allein mit der Energie des Was-sers den Eigenbedarf für Beleuchtung und Elektrogeräte erzeugen.

Tipp: Heute könnt Ihr hier an einer Aktivstation mit einer Kurbel selbst Strom erzeugen.

Sägemühle aus Potzmühle (T6)

Die Potzmühle verfügte über sieben Wasserräder. Auch hier brachte die Getreidemühle vermutlich den Großteil des Ver-dienstes für die Müllersfamilie ein. 1725 hießen die Bewoh-ner der Potzmühle Stephan und Rosina Hohenadler. Sie hatten sechs Kinder. Neben der Getreidemühle betrieben sie noch ein Sägewerk und Landwirtschaft. In ihrem Stall standen zwei Pferde, zwei Kühe, zwei Stück Jungvieh und ein Schwein. Auch in der Potzmühle wurde der Strom für das ganze Anwesen allein durch Wasserkraft erzeugt. Aller-

Das Mahlwerk der Getreidemühle aus Fischbach ist mehr als 100 Jahre alt. Hier wurde bis 1965 Mehl gemahlen.

Eine schweißtreibende Arbeit! Der Museumsschmied zeigt Euch regelmäßig, wie man einst Eisen bearbeitete.

dings ging dies nur, wenn die Säge nicht in Betrieb war, sonst reichte die Wassermenge nicht aus.

Hammerschmiede (T7)

Jeder kennt den Spruch: „Man muss das Eisen schmieden, solange es heiß ist". Da in den Schmieden Arbeitsgeräte wie Schaufeln und Pflüge sowie Nägel und Waffen hergestellt wurden, waren sie für die Menschen enorm wichtig. Bereits im Mittelalter standen Hammerschmieden grundsätzlich an Wasserläufen. Auf der Feuerstelle, der sogenannten Esse, machte der Schmied mit Holzkohle ein Feuer. Eisen benötigt hohe Temperaturen, um es zu schmieden. Sobald das Eisen glühte, kam das Hammerwerk ins Spiel, das ebenso wie der Schleifstein mithilfe von Wasserkraft angetrieben wurde.

Köhlerei (T8)

In unmittelbarer Nähe der Schmiede findet Ihr eine Köhlerei und das nicht ohne Grund, denn schließlich brauchte ein Schmied unbedingt Holzkohle zum Anheizen des Schmiedefeuers, der Esse. So greift ein Beruf in den anderen. Der Köhler machte aus dem Holz die Holzkohle. Da das Holz ein wertvoller Rohstoff war, wurde das Fällen der Bäume ab dem 16. Jahrhundert geregelt. Das heißt, niemand durfte Bäume ohne Genehmigung fällen.

Im Hintergrund raucht noch der Kohlenmeiler, im Vordergrund seht Ihr schon die fertige Holzkohle.

Denn Holz wurde im täglichen Leben dringend gebraucht. Daraus baute man Häuser, Möbel, Arbeitsgeräte, Geschirr, Besteck, Spielzeug und es war wichtig als Feuerholz. Die Köhler verwendeten deshalb Holz, das zum Beispiel für den Hausbau ungeeignet war, also Windbruchholz und Wurzelstöcke. (Wobei der clevere Johann Bichler für sein Sägewerk (T11) genau jenes Windbruchholz verwendet hatte. Dies war jedoch nur durch die besondere Zollinger-Bauweise möglich, bei der kurze Holzstücke verwendet werden konnten.) Wenn Ihr einem Köhler begegnet wärt, hättet Ihr Euch vielleicht erschrocken. Meist war sein Gesicht voller Ruß, er hatte viele Brandnarben und trug verrauchte Kleidung. Man musste die Einsamkeit schon lieben, wenn man ganz allein und in einfachen Verhältnissen im Wald lebte. Früher war der Beruf des Köhlers nicht sehr angesehen. Sicher machte ihr dunkles, narbiges Aussehen den Leuten Angst. Ein Köhler durfte seinen brennenden Meiler niemals aus den Augen lassen. Darum schlief er in einem sogenannten Rindenkobel, der aber alles andere als gemütlich war. Ein Rindenkobel war ein einfacher Unterschlupf aus Holz und Rinde, der als Schlafplatz diente. Nach vorn war er offen, damit der Köhler den Kohlenmeiler immer im Blick hatte. Es war kalt und feucht. Vermutlich haben die Köhler nicht besonders gut geschlafen, wenn sie höchstens zwei Stunden die Augen zumachten. Übrigens wurden auch die kargen Mahlzeiten im Rindenkobel zubereitet. Das war schon ein schauerliches Köhlerleben damals. Wenn Ihr wollt, könnt Ihr in den Rindenkobel hineinschlüpfen und Euch ein bisschen wie die Köhler früher fühlen.

Doch wie funktionierte so ein Kohlenmeiler eigentlich? Zunächst wurde ein Mittelpfahl aufgestellt und rundherum trockene Holzscheite angelehnt. Schicht um Schicht stellte man weitere Holzpfähle kegelförmig dazu. Der Feuerschacht wurde mit trockenen Ästen und Blättern zugestopft. Schließlich deckte man den Meiler mit einem Wasser-Asche-Gemisch luftdicht ab. Über dem Feuerschacht zündete man den Meiler an. Bei Temperaturen zwischen 300 und 350 Grad Celsius verkohlt das Holz und wird zu Holzkohle. Dieser Prozess dauert mehrere Tage – bei großen Meilern sogar Wochen.

Tipp: Jedes Jahr im Sommer findet an der Glentleiten die aufregende „Köhlerwoche" statt. Dort könnt Ihr selbst erleben, wie ein Meiler angezündet und Kohle gemacht wird. Ein echter Köhler erzählt Euch spannende Geschichten dazu. Und passend zum Thema gibt es dann auch Grillwürstchen und Stockbrot auf glühenden Holzkohlen!

Übrigens: Die Museumsholzkohle kann man im Museumsladen kaufen und damit zu Hause prima grillen.

Tuffsäge aus Huglfing (T9)

Technisch schon ein Stück weiter als die Mühlen war die Tuffsäge aus Huglfing, die über einen Elektromotor verfügte. Tuffstein ist ein poröser Stein, der sich zum Bauen eignete und aufgrund seiner Struktur gut schneiden ließ. Die ausgestellte Säge stammt aus einem klassischen Familienbetrieb. Urgroßvater Johann Galitz machte den Anfang und gab das Geschäft an seinen ältesten Sohn Georg Galitz weiter. Später übernahm der Schwiegersohn Josef Albrecht das Unternehmen. Mit der Zeit wurde der massive schwere Tuff immer unwichtiger, weil es leichtere Hohlblocksteine zum Bauen gab. Tuff verwendeten dann vor allem noch die Künstler und Bildhauer.

Tipp: Wenn Ihr schon immer mal einen echten Steinbruch sehen wolltet, findet Ihr bei der Tuffsäge einen nachempfundenen Abschnitt eines Tuffsteinbruchs. Der Steinbeißer aus der „Unendlichen Geschichte" hätte sicher seine Freude daran gehabt.

HINTER DEN TÜREN...
EINE NACHT
IM RINDENKOBEL

Diesmal wollte Max Emily etwas zeigen, was sie noch niemals zuvor gesehen hatte, wollte sie zum Staunen bringen und ihr beweisen, wie groß das Geheimnis war, das sein Großvater ihm anvertraut hatte. Es gab nur diese eine Nacht, die einen Blick auf den Meiler gewährte. Nur eine Gelegenheit und die mussten sie nutzen. Heute. Es war die dunkelste Nacht des Jahres, die Wintersonnenwende, der 21. Dezember. Max hatte Emily gebeten, sich ganz schwarz zu kleiden. Er selbst war ebenfalls von Kopf bis Fuß schwarz, sogar sein Gesicht hatte er sich mit Ruß eingefärbt. Die Dunkelheit war sein Verbündeter und ließ ihn unsichtbar werden. Auf dem Rücken trug er einen schweren Rucksack, einen warmen Daunenschlafsack und ein kleines dunkelblaues Igluzelt. Gerade tauchte Emily aus der Dunkelheit auf und stapfte durch den Schnee auf Max zu. Ihre Haare hatte sie unter einer dunklen Mütze versteckt, den Schlafsack trug sie unter dem Arm. Sie hatte Wort gehalten und war – wie er – dunkel wie die Nacht. Es fehlte nur noch der letzte Schliff. Max grinste und rieb ihr etwas Ruß in das erstaunte Gesicht.

Frech blitzten ihre weißen Zähne auf. „Dir ist schon klar, mein lieber Max, dass du mir für diesen Dreck im Gesicht jetzt etwas ganz Tolles bieten musst, oder?" Max nickte: „Klar Emily, ich verspreche dir ein echtes Abenteuer."

„Wohin gehen wir denn Max? Schlafen wir in einer Hütte?" Max zwinkerte Emily zu. „Pssst. Du wirst es nicht erraten, aber gleich sehen. Komm."

Max nahm ihre Hand und so leise, wie es auf dem Schnee möglich war, machten sie sich auf den Weg durch das dunkle, verlassene Gelände der Glentleiten. Es war ein großes Glück, dass es in der Nacht zuvor geschneit hatte, denn sonst hätten sie den Weg durch die Dunkelheit möglicherweise nicht gefunden. Der Lichtstrahl der Taschenlampe beleuchtete den glitzernden Schnee auf ihrem stillen Weg durch die klare Nacht. Der Stauweiher lag wie eine tiefschwarze flache Scheibe in der Landschaft. Die Karpfen darin hatten sich in die Tiefen zurückgezogen und glitten lautlos wie Schatten und mit sparsamen Flossenbewegungen durch das Wasser. Die Fledermäuse, die Hufeisennase und die braunen Langohren, hingen in ihren Verstecken

und hielten Winterschlaf. Alles war so leise, als wäre die ganze Welt in einen tiefen Schlaf gefallen. Emily flüsterte: „Ich komme mir vor wie Dornröschen. Die ganze Welt schläft, nur wir sind dem Zauber entkommen."

Sie hakte sich bei Max unter, als sie an den Mühlen vorbeischlichen. „Max, es ist ein bisschen gruselig hier. Und kalt. Findest du nicht?"

Doch Max antwortete nicht, zu groß war die Vorfreude. Er vergaß sogar das Frieren, wenn er an das dachte, was er Emily gleich zeigen würde. Nur noch wenige Meter und sie waren am Ziel. An einem von Bäumen geschützten Platz machten sie Halt. Max ließ den Rucksack vom Rücken gleiten. „Hier bauen wir unser Zelt auf, Emily." Er zeigte auf den schneebedeckten Boden.

Emily zog die Augenbrauen hoch: „Hier? Das ist nicht dein Ernst, Max, oder?" Statt einer Antwort zog Max das Zelt aus dem Beutel und hatte es in wenigen Minuten aufgebaut. Dann nahm er eine Decke, eine Thermoskanne und einige Brote aus dem Rucksack, setzte sich auf seinen

Schlafsack in den Eingang des Zeltes und bot Emily einen Platz neben sich an. Sie schüttelte den Kopf und verstand die Welt nicht mehr. Schon wollte sie protestieren, doch Max wies auf den freien Platz vor ihnen, wo plötzlich ein Feuer aufflammte. Max atmete scharf ein. Sie waren gerade noch rechtzeitig gekommen. Emily schrie erschrocken auf, doch Max legte ihr den Finger auf den Mund und zeigte stumm in die Richtung des Meilers. Ein einzelner Mann, es war der Köhler, machte sich daran zu schaffen und brachte seinen Meiler zum Glühen. Und auch wenn diese Glut nach außen nicht sichtbar war, wusste Max, im Innern des Meilers glühte nun ein 300 Grad heißes Feuer. Max' Herz machte einen Sprung, denn bisher hatte er diese einzige unsichtbare Tür nicht geöffnet. Und auch seinem Großvater war das nur einmal in seinem langen Leben gelungen.

Die Tür zur Vergangenheit lag offen vor ihnen und Max und Emily sahen direkt hinein. Nach kurzer Zeit setzte der einsame Köhler sich in einiger Entfernung direkt gegenüber in den Rindenkobel. Auch dort hatte er ein kleines Feuer entfacht. Doch im Gegensatz zu Max und Emily saß er im offenen Eingang auf einer groben Decke und rieb sich die schwarzen Hände. Aus einem Beutel holte er etwas zu essen, das wie Brot aussah, und biss hinein, während Max und Emily einen Schluck aus der Thermoskanne nahmen. Der Blick des Köhlers war unentwegt auf den Meiler gerichtet und Max wusste, so würde er noch viele Stunden und Tage darauf schauen, bis seine Augen vor Anstrengung und Übermüdung tränten. Er musste wachen, bis aus dem glühenden Holz schließlich Holzkohle geworden war. Dann würde er die Holzkohle abräumen und verkaufen.

Emily dachte darüber nach, was das für eine einsame und anstrengende Arbeit gewesen war. Sie würde beim nächsten Grillwürstchen bestimmt daran denken müssen. Irgendwann, es war mitten in der Nacht, kuschelten sich

Max und Emily in ihre Schlafsäcke und fielen in einen tiefen traumlosen Schlaf. Als sie am nächsten Morgen erwachten, waren Meiler und Köhler verschwunden. Der Zauber war vorbei. Nichts deutete auf die Ereignisse der letzten Nacht hin. Emily rieb sich die Augen und schaute auf den leeren Platz. Diese Tür in die Vergangenheit war verschlossen und auch Max wusste nicht, ob er sie je wieder würde öffnen können. Gemeinsam machten sie sich auf den Heimweg, um zu Hause erst einmal ausgiebig zu frühstücken. Sie hatten großen Hunger, nach dieser langen Nacht am Kohlenmeiler.

SCHLAUMEIEREI

Baugruppe Almen (A1 – A6)

Spätestens seit dem Kinderbuch „Heidi" von Johanna Spyri haben wir alle eine sehr romantische Vorstellung von einem Leben auf der Alm. Das erste Heidi-Buch erschien 1880, also vor rund 130 Jahren. Almwirtschaft im Alpenraum gibt es aber sogar schon seit mehr als 2.000 Jahren. Vielleicht ist der berühmte karthagische Feldherr „Hannibal", als er 218 vor Christus mit 37 Elefanten die Alpen überquerte, ja sogar einem Senner oder einer Sennerin begegnet! Oder ein Hütebub wunderte sich über die grauen Dickhäuter. Denn solche Tiere hatte er sicher noch nie gesehen… Das Buch „Heidi" wurde ein Welterfolg und in 50 Sprachen übersetzt. Aber wen wundert das? Zeigt es doch das idyllische Leben auf der Alm. Gemütliche Holzhäuser, selbstgemachter Käse, Tiere und dann auch noch jede Nacht im Heu schla-

Bild oben: Von der Baugruppe Almen habt Ihr einen tollen Ausblick auf den Kochelsee und die umliegenden Berge.

fen. Wie schön ist doch das Leben auf der Alm. Doch was bei Heidi und ihrem Großvater so heimelig und gemütlich wirkt, ist in Wirklichkeit schwere Arbeit. An sechs Almgebäuden aus fünf Jahrhunderten könnt Ihr an der Glentleiten am Leben der Senner, Sennerinnen und Hütekinder teilhaben. Senner und Sennerinnen, so nannte man übrigens die Menschen, die den Sommer über auf der Alm (auch Sennerei oder Sennhütte genannt) arbeiteten, dort die Tiere hüteten, melkten und Käse herstellten.

Und natürlich gab es einen Grund, warum die Tiere im Sommer auf die Almen, also auf die Weideflächen ins Gebirge getrieben wurden: Dort konnte sich das Vieh im Sommer satt fressen, während das Heu von den Talwiesen als Winterfutter diente. Hilfe bekamen die Senner und Sennerinnen manchmal von ganz besonderen Tieren, die so zu ihren Namen kamen: Berner Sennenhund oder Appenzeller Sennenhund. Arbeit gab es auf den Almen auf jeden Fall genug. Die Almsaison endete im Oktober mit einem festlichen Almabtrieb der Tiere von den Almen ins Tal. Dafür wurden die Tiere von den Sennerinnen prächtig geschmückt. Diesen Brauch gibt es auch heute noch.

Der Hainzenkaser, ein Rundumkaser von der Königsbachalm (A1)

Auf dem Gebiet der Königsbachalm standen mehrere Kaser, die von verschiedenen Bauern bewirtschaftet wurden. Wer von Euch ein bisschen Latein kann, errät vielleicht, woher der Begriff Kaser stammt. Er ist abgeleitet von „casa" und bedeutet „Hütte". Kaser hat also nichts mit Käse zu tun!

Der Hainzenkaser an der Glentleiten ist wirklich etwas ganz besonderes, denn er ist einer der wenigen erhaltenen „echten" Rundumkaser. Rundumkaser, das heißt, dass der Wohn- und Arbeitsraum der Senner von allen vier Seiten vom Stall umgeben ist. Stellt Euch vor, es gab kein ein-

ziges Fenster! Tageslicht kam nur durch die Türe hinein.
Wie muss sich Maria Hasenknopf gefühlt haben, als sie 37
Jahre lang jeden Sommer auf dieser Alm verbrachte? Zehn
Milchkühe und zwei Kälber wohnten mit ihr zusammen auf
engstem Raum und Maria hatte noch nicht einmal einen
Stuhl, den sie auf den Fußboden aus gestampfter Erde
hätte stellen können. Lauscht im Hainzenkaser unbedingt
den Geschichten der Sennerin an der Hörstation. Das war
wirklich ein sehr einsames und hartes Leben. Doch immer
wieder berichten die Sennerinnen auch von den schönen
Seiten. Von der Freiheit auf der Alm, den magischen Augen-
blicken mit den Tieren. Man hört auch von engen Verbin-
dungen zu den Tieren. Es hat sicher Sennerinnen oder
Senner gegeben, die ihre Sorgen und Freuden den Kühen
erzählten. Kühe können nämlich sehr gut zuhören. Muuuh!

Der Brunnerkaser von der Mordaualm (A2)

Auch dieses Almgebäude war ursprünglich einmal ein
Rundumkaser. Doch 1787 wurde die Alm umgebaut und
Wohn- und Arbeitsraum rückten an die Außenwand und
bekamen zur Beleuchtung ein Fenster. Nach einem Lawi-
nenunglück wurde das Blockhaus 1955 nochmals moder-
nisiert. Doch von solchen Zimmern, wie Ihr sie zu Hause
habt, kann natürlich keine Rede sein. Alles war praktisch
für die Arbeit auf der Alm ausgerichtet. Denn die Sennerinnen waren den ganzen Tag damit beschäftigt, das Vieh zu
hüten, zu melken und die Milch zu Käse, Topfen (Quark)
oder Butter zu verarbeiten. Natürlich entstanden viele
Geschichten und Sagen über die einsamen Sennerinnen
auf den entlegenen Almhütten. Die „Sage von der Morcau"
könnt Ihr Euch an der Hörstation anhören. Darin geht es um
eine schöne Sennerin, die mit einem Hirten zusammen ist.
Eines Tages verliebt sie sich aber in einen Jäger, der ihr den
Rat gibt, den Hirten auf einen hohen Berg zu schicken, um
ihr das schönste Edelweiß zu bringen. Der Hirte macht sich

auf die Suche, findet ein Edelweiß, das ihm fast wie Silber entgegenleuchtet. Doch als er es pflücken möchte, stürzt er – wie vom Jäger vorausgesehen – ab. Doch die Sennerin und der Jäger werden trotzdem nicht glücklich, weil sie später von einem Haufen Soldaten überfallen und umgebracht werden…

In solchen Sagen ging es nicht selten um die gerechte Strafe für schlechte Taten. Man hat sie sich immer wieder erzählt, um daran zu erinnern, dass Böses vom Schicksal bestraft wird. Sicher wollte man die Sennerinnen so zu einem anständigen Leben anhalten, wenn sie allein oben auf der Alm waren.

Tipp: Eine wackelige Angelegenheit wartet im Brunnerkaser auf Euch: Dort könnt Ihr ausprobieren, wie man auf einem einbeinigen Melkschemel sitzt – wie früher die Sennerinnen!

Der Doppelkaser von der Mitterkaseralm (A3)

Manchmal kam es auch vor, dass eine Alm von zwei Sennerinnen bewirtschaftet wurde: so wie im Fall der Mitterkaseralm. Dies nannte man dann Doppelkaser. Die Sennerinnen kamen von zwei unterschiedlichen Höfen aus Ramsau und aus Schönau in Berchtesgaden. Jede brachte ca. fünf bis zehn Stück Vieh mit auf die Alm. Die Frauen arbeiteten aber völlig getrennt voneinander. Sicher haben sich die beiden Sennerinnen aber das eine oder andere Mal unterhalten.

Der Doppelkaser lag nahe am Wanderweg hinauf zum Watzmann, sodass die Bergsteiger hier gerne eine Rast einlegten. Dafür wurde die eine Hälfte des Kasers zu einer kleinen Gastwirtschaft umgebaut. Aus der offenen Feuerstelle wurde ein eiserner Herd. Im Stall wurde eine Zwischendecke eingezogen. Hier fanden die müden Wanderer einen Schlafplatz. Die Bäuerin Anna Votz bewirtete den ganzen Sommer über Gäste, während das Vieh von einer Sennerin und einem Hütebub betreut wurde. Auf der Speisekarte standen leckere Gerichte wie Erbsensuppe (mit und ohne

Auf dieser Alm machten einst viele Wanderer Zwischenstation. Gut gestärkt ging es weiter hinauf zum Watzmann.

Wurst), Rührei, Spiegelei, Pfannkuchen, Kaiserschmarrn mit Preiselbeeren, Käsebrot, Kaffee, Tee, Himbeer- und Zitronenlimonade, Apfelsaft. Außerdem verkaufte die Bäuerin Postkarten, Zigaretten und Schokolade. Die Touristen auf der Alm wurden eine wichtige zusätzliche Einnahmequelle für die Bauern.

Der Hanndlkaser von der Duslaualm (A4)

Dieses Almgebäude wurde 1793 erbaut und bis 1980 genutzt. Drei Bauernhöfe bewirtschafteten die drei Kaser auf der Duslaualm. Einer dieser drei Kaser, nämlich der Hanndlkaser, wird auf der Glentleiten präsentiert. Selten machten die Sennerinnen und Senner die ganze Arbeit allein. Hütekinder im Alter von acht bis 15 Jahren wohnten als Hilfskraft mit auf der Alm. Meistens waren es Buben, selten auch Mädchen. Ein Hütebub hatte große Verantwortung zu tragen. Dafür bekam er von Mitte Mai bis Anfang Oktober schulfrei. Er musste dafür sorgen, dass die Tiere zusammenblieben und sich nicht verletzten. Auch durfte das Vieh nicht auf einem fremden Gebiet grasen, das gab

Den Sommer verbrachten hier Sennerin und Hütebuben gemeinsam mit dem Vieh. Der Kaser gehörte zum Hanndl-Hof aus dem Tal, daher auch der Name Hanndlkaser.

Ärger mit den anderen Bauern. Der Stall musste sauber gehalten werden, Holz musste getragen und Wasser am Brunnen geholt werden. Eine Sennerin hatte immer ein wachsames Auge auf ihren Hütebub. Da sie die Verantwortung für die wertvollen Tiere des Bauern trug, war sie streng und duldete keine Nachlässigkeiten. Zum Frühstück gab es Milch und Butterbrot, zum Mittagessen eine Mehlspeise, z. B. Schmarrn. Nach 13 bis 15 Stunden Arbeit durfte der Bub gegen acht oder neun Uhr abends schlafen gehen. Im Stadel neben der Almhütte grub er sich eine Mulde, legte eine Decke aus, wickelte sich ein und bereitete Heu darüber aus. Nach einem langen Arbeitstag auf der Alm schlief er sicher wie ein Stein.

Tipp: Wie das Leben eines Hütebuben ganz genau ablief, könnt Ihr Euch an der Hörstation anhören. Der Hütebub Alois erzählt über sein Leben auf der Duslaualm. Als Alois erwachsen war, entschied er sich aber für einen anderen Beruf und wurde Forstarbeiter.

Der Weberbauerkaser von der Haidenholzalm (A5)

Manchmal erzählen die Almen sogar richtige Krimis, wie im Fall des Weberbauerkasers von der Haidenholzalm. Denn hier entdeckte man ein Versteck für Wilderermunition. In einem drei Zentimeter großen Loch in der Wand, das mit Kalk verputzt war, fand man einen Fetzen Zeitungspapier aus dem Jahr 1925 und darin: Patronen für ein Gewehr! Die Almhütten boten das perfekte Versteck für Gewehr, Munition, erlegtes Wild und manchmal auch für die Wilderer selbst. Die Wilderei war ein gutes und manchmal auch lebensnotwendiges Geschäft. Die jungen Männer zeigten so, wie mutig und stark sie waren. Das brachte ihnen Ansehen im Dorf. Dann verkauften sie das Wild und sorgten so für ein Zusatzeinkommen, mit dem sie Lebensmittel für die Familie oder eine schöne Tracht kaufen konnten, was sonst unmöglich gewesen wäre. Nicht selten waren die Sennerinnen mit den Burschen gut bekannt oder verwandt und halfen ihnen. Denn die Wilderei war eine gefährliche Angelegenheit. Das Wildern ist bis heute in den meisten Ländern eine Straftat.

Heute könnt Ihr im Weberbauerkaser sowohl ein Gewehr als auch die Patronen aus dem Versteck begutachten. Das Gewehr wurde extra so umgebaut, dass sich der Lauf abschrauben ließ, sodass es im Rucksack oder unter der Jacke gut versteckt werden konnte.

Die Hirtenhütte vom Wildfeuerberg (A6)

„Ein Dach über dem Kopf", viel mehr aber auch nicht, hatte der Hirtenjunge, der in der kleinen Hütte nachts oder bei schlechtem Wetter Unterschlupf fand. Den ganzen Tag über verbrachte er bei dem Vieh im Freien, denn einen Stall gab es nicht. Er musste auf 90 Jungrinder sowie Pferde und Schafe aufpassen! Ein kleiner Ofen zum Kochen und ein Bett waren alles, was ihm an Bequemlichkeit zustand. Am Eingang seiner Hütte war eine Tafel angebracht, auf der man ihm Nachrichten hinterlassen konnte. Vielleicht hat ihm ja auch einmal ein Wilderer etwas darauf geschrieben… heute würde man wohl einfach eine SMS schicken.

Alles fing ganz harmlos an, als Max und Emily sich auf den Weg zu den Almen machten. Emily hakte sich bei ihm unter. Es war Frühling, die Vögel zwitscherten, die Bäume bekamen die ersten grünen Blätter. Ihr Weg führte an hellgrünen Wiesen vorbei. Max wollte Emily überraschen. Auf dem Rücken trug er einen Rucksack mit allem, was man für ein Picknick brauchte. Emily schwärmte vom herrlichen Leben in den Bergen, von der guten Luft und den schönen Frühlingsblumen, während sie auf die Baugruppe Almen zuwanderten. Auf der Mitterkaseralm fanden sie einen Holztisch und eine Bank. Max setzte sich und öffnete seinen Rucksack. Er holte eine rot karierte Tischdecke hervor, die er auf den Tisch ausbreitete. Dann zog er Brot, Käse, Eier, Pfannkuchen, Preiselbeeren und Himbeerlimonade heraus. Emily strahlte ihn an: „Max! Hast du das alles für uns mitgebracht?"

„Klar. Das gab es hier auch schon früher, von der Wirtin dieser Almhütte", antwortete Max. Sein Großvater hatte ihm von der fröhlichen Almwirtin Anna Votz erzählt, wie sie die Hände in die Hüfte stemmte und den Gästen ein gutes Essen vorsetzte.

Emily seufzte: „Ob es damals auch schon so schön war, wie jetzt?" Doch bevor Max auch nur den Hauch einer Antwort geben konnte, knallte ein ohrenbetäubender Schuss durch die Luft, sodass Emily vor Schreck ihren Käse fallen ließ.

„Was war das?", fragte sie und sah Max mit großen erschrockenen Augen an. Doch der hatte schon hastig seinen Rucksack genommen und stopfte alles Essen und die Tischdecke hinein.

„Das war das Zeichen, Emily! Komm." Schnell gab er Emily die Hand und sie ahnte bereits, dass nun wieder eine seiner verrückten Ideen kommen würde. Konnte dieser bayerische Junge denn nicht einfach normal sein? Geduckt, als erwarteten sie jeden Augenblick den nächsten Schuss,

rannten sie zum Weberbauerkaser, öffneten die Tür und stolperten völlig außer Atem in den Wohnbereich. Emily hatte sich von dem Schrecken noch nicht erholt.

„Was war das für ein Knall? Ich dachte schon, mir platzt das Trommelfell. Meinst du es war ein…"

„Schuss", antwortete Max, während er sich vor den Herd kniete und rechts oben die kleine weiße Tür öffnete, hinter der üblicherweise das Holz angeschürt wurde. Schnell zog er die Hand zurück, als ihm bläuliche Flammen entgegen loderten und seiner Hand gefährlich nahe kamen. Emily schrie erschrocken auf. „Hast du dich verbrannt, Max?"

„Nein, es ist nichts. Das ist kein richtiges Feuer." Und mit diesen Worten blickte Max erneut hinter die kleine Klappe, wo aus Flammen inzwischen winzig kleine Flämm-

chen geworden waren. Er winkte Emily zu sich hinunter
und mit angehaltenem Atem sahen sie beide in die kleine
Öffnung und in eine andere Welt, in einer anderen Zeit:
Zuerst erkannten sie die Alm von außen. Es war Nacht.
Weißes Mondlicht schien auf die Schindeln, als eine Gestalt
in einem irren Tempo über die Wiese auf das Haus zulief.
Es war ein Mann, der aussah wie ein Jäger, denn er trug ein
Gewehr und einen erlegten Hirsch über der Schulter. Das
Geweih leuchtete hell im Mondschein. Der Mann riss die
Tür auf, rannte hinein, zog die Bodenklappe in der Schlaf-
kammer auf, ließ das erlegte Tier und seinen Rucksack
hineinrutschen, schloss die Klappe und legte einen geweb-
ten Teppich darüber.

„Das ist ja ein Wilderer", hauchte Emily, die ganz grün
im Gesicht geworden war. Doch Max gab ihr ein Zeichen,
leise zu sein. Dann blickten beide gebannt durch die Feuer-
luke.

Dort hatte der Wilderer inzwischen ein langes spitzes Messer vom Tisch genommen, kratzte in wilder Hast ein Loch in einen weiß gestrichenen Holzbalken der Außenwand, zog zwei Patronen aus der Hosentasche und drückte sie in die Vertiefung. Erschrocken drehte er sich um, als eine Frau im Dirndl, es war die Sennerin, die Küche betrat. Doch dann glitt ein Lächeln über sein Gesicht. Die Frau reichte ihm einen Fetzen Zeitungspapier und eine Tasse mit weißem Kalkputz. Damit verschlossen sie das Loch, das nun in der Wand nahezu unsichtbar war.

Emily hielt sich erschrocken die Hand vor den Mund und auch Max war ganz mulmig im Bauch. Was würde als nächstes geschehen? Das hier war besser als Fernsehen. Sie zuckten zusammen, als mehrere wütende Schläge gegen die hölzerne Haustür donnerten, und auch der heimliche Jäger und die Frau sahen sich erschrocken an. Im selben Moment blies ein Windhauch Max und Emily kalte Asche ins Gesicht und aus dem Blick in die Vergangenheit wurde ein Blick in einen kalten Ofen, der schon lange nicht mehr benutzt worden war…

Mit Bedauern sahen sie sich an, sie hätten sehr gern gewusst, ob der Wilderer damals geschnappt worden war, oder nicht.

Doch als beide sich anschauten, die Gesichter ganz schwarz vor Asche, mussten sie so laut lachen, dass ihnen die Tränen die Wangen hinunter liefen und weiße Spuren in ihren Gesichtern hinterließen.

Sie standen auf und klopften sich den Ruß von den Kleidern. „Mensch, bin ich froh, dass diese Zeiten vorbei sind", sagte Max. Emily gab ihm voll und ganz recht und sie waren glücklich, als sie wieder in den Sonnenschein hinaus konnten, um ihr Picknick fortzusetzen.

SCHLAUMEIEREI

Hof aus Kochel (13) mit Kornkasten aus Prem (13a), Backhaus aus Osterhofen (13b) und Bienenhaus aus Hohenpeißenberg (13c)

Im Jahr 1775 wurde der Hof, der ursprünglich zur Grundherrschaft des Klosters Benediktbeuern gehörte, nach einem verheerenden Brand neu errichtet. Johann Eberl, Bürgermeister von Kochel, kaufte das Anwesen 1899 und zog mit seiner Familie dort ein. In der Stube steht ein Schreibpult, an dem man sich gut vorstellen kann, wie der angesehene Herr Bürgermeister seine Reden verfasste. Natürlich schrieb er alles mit der Hand, denn Computer gab es noch nicht. Leider ist von der ursprünglichen Einrichtung des Hodererhofs nichts erhalten geblieben. Deshalb hat man den Hof mit Einrichtungsgegenständen aus der Zeit um 1910 bis 1920 bestückt. In der sogenannten Aus-

Bild oben: Der Hodererhof aus Kochel war das erste Gebäude, das im Freilichtmuseum errichtet wurde. Es steht nun seit über 40 Jahren an der Glentleiten.

tragskammer findet sich dagegen eine Einrichtung aus den 1880er Jahren. Wenn ein Hof verkauft oder an die Kinder übertragen wurde, zogen die ursprünglichen Besitzer oder die Eltern, also zum Beispiel die alte Bäuerin, in die Austragskammer. Laut Kaufvertrag musste der neue Besitzer des Hodererhofs Johann Eberl der vorherigen Eigentümerin Elisabeth Krinner einen Sesselofen, das ist ein Kachelofen in Form eines Sessels, in die Austragskammer einbauen. Hier durfte sie bis an ihr Lebensende wohnen und wurde von der Familie Eberl versorgt.

Vor 100 Jahren standen im Stall des Hodererhofs ein Pferd, sechs Kühe, zwei Ochsen, vier bis sechs Kälber, fünf bis sechs Schafe, ein bis zwei Schweine und mehrere Hühner. Damit war ein Teil der Versorgung der Hofbewohner gedeckt.

Kornkasten aus Prem (13a)

Zwar gehörte nicht genau dieser Kornkasten zum Hodererhof, aber so könnte er ausgesehen haben, wenn er noch erhalten wäre. Wegen der Brandgefahr, die vom Haupthaus durch die Befeuerung des Ofens mit Holz und die Verwendung von Petroleumlampen ausging, standen die Getreidekästen abseits von Wohnhaus und Scheune. In ihnen bewahrte der Bauer Saatgut, Vorräte und wertvolle Gegenstände auf. Nicht selten waren sie mit vielen Schlössern gesichert. Im Kornkasten lagerte der Reichtum des Bauern.

Backhaus aus Osterhofen (13b)

Zu einer größeren Hofanlage gehörte meist auch ein Back- und Dörrhaus. In diesem kleinen Häuschen wurde für die Hofbewohner das Brot für zwei Wochen gebacken. Es musste wegen Brandgefahr in ausreichendem Abstand vom Wohngebäude entfernt stehen. Im Ofen hatten sechs Brotlaibe Platz, wovon jeder Laib Brot drei Kilogramm wog! Die Brote, die wir heute beim Bäcker kaufen, wiegen höchstens ein bis zwei Kilogramm. Das waren also schon richtig große Brote, die dort gebacken wurden. Außerdem konnte man in dem Ofen auch dörren. Dörren, so nennt man das Trocknen von Obst. Das Dörren war billig und einfach zu hardhaben und es gab wenig andere Möglichkeiten, Lebensmittel über den Winter haltbar zu machen. Es dauerte in der Regel einen ganzen Tag, bis die Früchte getrocknet waren. Sie wurden dann an Schnüren auf dem Dachboden aufgehängt. In der Weihnachtszeit gab es dann das köstliche Kletzenbrot, das aus getrockneten Früchten hergestellt wurde. Übrigens wurde das Backhäuschen in einem Stück an die Glentleiten gebracht!

Tipp: Habt Ihr schon mal Dörrobst gegessen? Jeden Herbst wird im Backhaus aus Osterhofen frisches Obst aus den Museumsgärten getrocknet – und Ihr dürft probieren! Den genauen Termin erfahrt Ihr an der Museumskasse.

Bienenhaus aus Hohenpeißenberg (13c)

Noch süßer ging es im Bienenhaus zu, das ebenfalls häufig Teil einer Hofanlage war, weil die Imkerei eine wichtige

Die farbigen Muster sind nicht nur schön anzuschauen, sondern sollten es den Bienen auch erleichtern, wieder zurück zu ihrem Volk zu finden.

Einnahmequelle einiger Bauern gewesen war. Ursprünglich stand dieses bunte Bienenhaus in einem Obstgarten in Hohenpeißenberg. Bis zu 30 Bienenvölker hatten darin Platz. Es war ungewöhnlich, dass diese Imkerei von einer Frau betrieben wurde. Im Ort gab es nur noch zwei männliche Imker. Doch Genoveva, so der Name der Imkerin, kümmerte sich neben den Bienen auch um die Hühner, Enten, Gänse, Ziegen und Schweine.

Die Bienenhäuser wurden manchmal sehr prunkvoll gebaut. Es gab Bienenvillen und Schlösser. Schon Albert Einstein hat den Wert der Bienen erkannt, als er sagte: „Wenn die Biene von der Erde verschwindet, hat der Mensch nur noch vier Jahre zu leben." Dabei ging es ihm aber nicht um den Honig, sondern um die Bestäubung von Abermillionen von Blüten an Bäumen, in Gärten, auf Wiesen, auf Feldern und in Wäldern. Ohne die Bestäubung der Bienen sterben die Pflanzen, die Tiere und am Ende auch der Mensch aus. Es ist also gar nicht so falsch, diesen wichtigen Lebewesen ein Schloss zu bauen und sie zu schützen!

HINTER DEN TÜREN...
MÄUSE BEIM
BÜRGERMEISTER

Schon eine geraume Zeit saß Max da und beobachtete eine weiß-grau gescheckte Katze, die es sich auf einem Stapel Bretter oberhalb der Hühnerleiter des Hodererhofs bequem gemacht hatte. „Wenn die auf Hühner wartet, kann sie lange da sitzen", dachte Max. Hühner gab es am Hodererhof schon seit vielen Jahren nicht mehr. Doch wieder einmal fiel ihm auf, wie echt alles wirkte. Vor dem Haus lag ein Stapel Holz für den Ofen, an einem Nagel an der Hauswand hing eine Eisenkette, Trockengestelle für das Heu waren ebenfalls am Haus befestigt, das Klohäusl mit Herz in der Tür draußen und die kleine Tür an der Hühnerleiter waren leicht geöffnet. Alles wirkte so, als könne sogleich Johann Eberl die Haustüre öffnen und mit donnernder Stimme über den Hof brüllen: „Max, das ist aber schön, dass ich dich hier finde!". Max drehte sich um. Das würde der Bauer natürlich nicht rufen. Sofort erkannte er die Stimme seiner Freundin Emily, die ihn mit ihrem Ruf aus seinen Tagträumen gerissen hatte. Sie setzte sich neben ihn und ihr Blick glitt zur Katze, die sich bisher keinen Zentimeter gerührt hatte.

„Keine guten Zeiten für Katzen, was", sagte sie und beobachtete das Tier. „Naja, so wie die aussieht, geht es ihr recht gut", antwortete Max.

Emily versuchte die Katze zu sich zu locken: „Miezi, komm her kleine Miezi. Glaubst du, dass es hier auch Mäuse gibt, Max?"„Mäuse und Ratten gibt es fast überall. Aber die Bauern früher hatten große Not mit ihnen. Sie haben einfach alles angenagt. Manche Getreidesäcke hatten richtige Bisslöcher." „Wirklich?" Emily hatte die Augen aufgerissen. „Das ist ja ekelig."

Max erzählte ihr, dass schon die alten Ägypter die Katzen verehrten, weil sie die Tempel von Mäusen befreiten. Und auch die Bauern ließen sich einiges einfallen, um die Nager zu fangen. Da wurden alle möglichen Fallen erfunden: Schlagfallen, Klotzfallen oder Drahtfallen. Es gab sogar

in Wiesbaden die „Carl Benders Mausefallenfabrik". Dort wurde ein richtiger Fangautomat hergestellt, in einer kleinen und großen Version. Emily grinste, denn inzwischen hatte sich die Katze gestreckt und das Maul weit aufgerissen, so als wollte sie sagen, „was ist das schon alles gegen meine Katzenmaul-Falle, ihr Supermäuse?"

Dann sprang sie geschmeidig, wie es nur Katzen können, von ihrem Bretter-Thron herunter, landete auf der Hühnerleiter und glitt mit einem sanften Schwung durch die Hühnertür. Max und Emily sahen sich verblüfft an. Beide hatten den gleichen Gedanken und wollten sehen, wohin die Katze verschwunden war. Schnell sprangen sie auf und stürzten zur Hühnerklappe. Emily öffnete die kleine Tür. Doch statt in den Hühnerstall, blickten sie in eine Stube. Darin stand ein Pult und in einer Ecke ein kleiner Tisch, darauf ein Teller mit Schinken oder Speck. Schon wieder waren sie in der Zeit zurückgewandert: An dem Pult stand ein großer Mann und blickte voller Entsetzen auf das Papier in seiner Hand. Neben ihm stand ein geduckter Mann, der seine Mütze verlegen in der Hand drehte. „Herr Bürgermeister, Sie müssen mir glauben, ich weiß wirklich nicht wie…"

Der Bürgermeister hob das Papier in die Luft. „Das ist doch eindeutig, Mann", sagte er und fuchtelte wild mit dem Papier herum. „Das sind Nagespuren von Mäusen oder anderen Viechern dieser Art."

Der Bürgermeister blickte den Mann vor ihm so scharf an, dass dieser ein wenig in die Knie ging. Seine Stimme zitterte: „Vielleicht Herr Bürgermeister, vielleicht war es der falsche Speck. Wir müssen an dem Speck arbeiten. Wissen Sie, der Speck."

Doch der Bürgermeister schien ihm gar nicht zuzuhören: „Dabei haben Sie mir versichert, ver-sich-ert, dass mit Ihrer Mausefalle nicht mal die kleinste Maus entkommt. Sie sind ein…" Die Stimme des Bürgermeisters donnerte durch die Stube, dass sich die Balken bogen: „Sie

sind ein Mausefallen-Strolch, ein Schlawiner sind Sie…"
Gerade wollte er zu weiteren Beschimpfungen ausholen,
als etwas Kleines, ungemein Schnelles über den Boden
flitzte. Es schoss am Tischbein empor, fast als würde es fliegen, schnappte sich ein Stück Speck vom Teller, und raste
– ohne auch nur im geringsten langsamer zu werden –
zurück, erreichte eine Ecke des Raumes und verschwand in
einem kleinen Loch, durch das es mit einiger Mühe auch
den Speck zwängte.

Bürgermeister und Mäusefallenvertreter hatten dies wortlos beobachtet. Doch es war der Bürgermeister, der seine Stimme zuerst wiederfand und leise, fast sanft sagte: „Also am Speck, mein lieber Mann, lag es jedenfalls nicht."

Max und Emily lachten, als sie die Hühnerklappe schlossen, und Emily sagte: „Ich sag's doch immer Max. Mit Speck fängt man Mäuse!" „Aber nur, wenn man schnell genug ist", antwortete Max und rannte los. Doch Emily beeilte sich nicht, ihn einzuholen. Sie würde ihn sowieso fangen. Da war sie sich absolut sicher.

SCHLAUMEIEREI

Hof aus Siegertsbrunn mit Kramerladen (18), Kornkasten aus Portenläng (18a) und Backhaus aus Arget (18b)

Der Kramerladen an der Glentleiten ist für jeden Besucher und auch für Euch ein absolutes Muss. Natürlich ist er ebenfalls in einem alten Gebäude untergebracht. Es handelt sich dabei um den Mesnerhof aus Siegertsbrunn, der im Jahr 1796 erbaut wurde. In der ehemaligen Schlaf- und Abstellkammer richtete man einen wirklich tollen Kramerladen ein. So etwas gibt es heute gar nicht mehr. Runde Gläser sind gefüllt mit Ketten aus Traubenzucker, es gibt Gummibärchen und Schokoküsse. In Regalen an der Wand findet man Topflappen und andere Handarbeiten. Blech-

Bild oben: Im Kramerladen an der Glentleiten gibt es Brotzeiten, Kuchen, Süßigkeiten, Getränke und Eis.

An der Ladenschlange über der Theke hängen stets verschiedene Waren und Leckereien. Schaut doch mal im Kramerladen vorbei, dann könnt Ihr sehen, was gerade daran hängt.

und Holzspielzeug, Seifen und Murmeln liegen zum Kauf bereit. So ein Kramerladen ist klein, bunt und man könnte stundenlang darin verbringen und einkaufen.

Solche Läden gab es früher für die Menschen auf dem Land. Hier wurde alles verkauft, was man nicht selber herstellen konnte. Salz, Zucker, Kaffee, Gewürze, Petroleum, Werkzeug und Kurzwaren, wie Nähgarn oder Knöpfe, kaufte die Landbevölkerung beim Kramer. Wie früher in Oberbayern häufig anzutreffen, ist der Laden nicht von außen zugänglich, sondern nur vom Flur aus.

Im Kramerladen im Museum findet Ihr Spielsachen, Süßigkeiten, kleine warme Gerichte, Suppen, herzhafte Brotzeiten, den besten selbstgemachten Kuchen der Welt, Ochsengurgeln (Rezept siehe unten) Getränke und natürlich auch Eis.

Und wenn Ihr vor der Theke steht, entdeckt Ihr bestimmt sofort die Schlange. Diese bemalten Holzschlangen wur-

Die Betten sind gemacht, aber geschlafen wurde darin nur sehr selten: die „gute Kammer" mit ihren wertvollen, prächtig verzierten Möbeln.

den seit dem 18. Jahrhundert benutzt, um Waren daran aufzuhängen und zu präsentieren. Gemütlich wird es dann in der Stube gegenüber dem Laden. Dort könnt Ihr Euch mit einem Stück Kuchen oder einer anderen Schlemmerei aus dem Laden hinsetzen und essen und trinken. Wenn es draußen kalt ist, könnt Ihr Euch am warmen Ofen wärmen.

Tipp: Schließt die Augen und stellt Euch vor, wie es früher war, wenn die Bauersfrau mit ihren Kindern zum Einkaufen gegangen ist. Sicher war das ein großes Erlebnis für die Kinder damals. Denn die Bauern versorgten sich ja normalerweise selbst. Hier im Kramerladen gab es also viele ganz besondere Dinge wie Süßigkeiten und natürlich die neuesten Geschichten aus dem Dorf.

Im ersten Stock über dem Kramerladen findet Ihr eine „Gute Kammer" mit Möbeln aus dem Jahr 1850. Diese Kammer wurde selten genutzt und wenn dann nur für ganz besondere Gäste. Voller Stolz wurde sie den Besuchern gezeigt, denn sie war mit wertvollen Möbeln ausgestattet, die die Braut bei ihrer Hochzeit als sogenannte „Aussteuer" mitbekommen hatte. Als „Aussteuer" oder auch „Mitgift" bezeichnete man Gegenstände, die die Braut mit in die Ehe brachte. Dies waren zum Beispiel Geschirr, Textilien und je nachdem auch Möbel wie diese hier. In der Nähe des Kramerladens findet Ihr auch noch einen Kornkasten aus Portenläng (18a) und ein Backhaus vom Garnerhof in Arget (18b). Dort könnt Ihr einmal die Woche sogar frisches, selbstgebackenes Brot aus dem Holzofen kaufen. Es schmeckt einfach köstlich!

Tipp: Für den größeren Hunger gibt es außerdem noch die Museumsgaststätte im Starkerer Stadel (E2). Dort könnt Ihr Euch drinnen und draußen typisch bayerische Gerichte schmecken lassen und Euch anschließend auf dem Spielplatz nebenan austoben. Zwischen Kramerladen und Museumsgaststätte wartet noch etwas ganz Besonderes auf Euch: In der Töpferei im Hof aus Sauerlach (11) gibt es Vasen, Keramik, Geschirr und vieles mehr. Alles wird noch auf traditionelle Weise mit einer Fußdrehscheibe hergestellt. Dabei könnt Ihr den Mitarbeitern der Museumshafnerei sogar zuschauen.

Hier das original Kramerladen-Rezept für Ochsengurgeln:
100g Butter, 300g Mehl, 2 Eier, 2 EL Sauerrahm, 50g Zucker, 1 Prise Salz

Alle Zutaten zu einem Teig kneten, den Teig mit einem Wellholz ausrollen, bis er ca. 3 bis 5 mm dick ist. Mit einem Teigrad Streifen schneiden (ca. 3 cm breit und ca. 30 cm lang), den Teig um das Ochsengurgel-Eisen wickeln, in Butterschmalz ausbacken und dann möglichst warm genießen – Lecker!

Die Eisen zum Backen der Ochsengurgeln kann man im Kramerladen kaufen. Dort gibt es auch jeden Sonntag ab 13.00 Uhr frische Ochsengurgeln.

Hinter den Türen...
Ringelblumen-
Salbe

Es war ein warmer Sommermorgen, an dem Max und Emily sich vor dem Kramerladen an der Glentleiten verabredet hatten. Inzwischen war das Freilichtmuseum geöffnet und viele Besucher waren auf dem Gelände unterwegs. Emily strahlte Max wie der helle Sonnenschein entgegen, als dieser ihr den mitgebrachten Strauß mit leuchtend orangefarbenen Ringelblumen in die Hand drückte. Seine Mutter hatte die Idee gehabt. „Bring Emily doch ein paar Blumen", schlug sie vor und Max nahm die Blumen mit.

„Die sind für dich", hatte er gesagt und Emily den Strauß entgegengestreckt. Emily blinzelte gegen die Sonne. „Danke, Max." Dann lächelte sie frech: „Weißt du eigentlich, was die Mädels früher mit diesen Blumen gemacht haben? Meine Tante hat es mir erzählt."

„Keine Ahnung." Irgendwie gefiel Max Emilys Unterton in der Stimme gar nicht. Er ärgerte sich fast darüber, dass er Emily die Blumen mitgebracht hatte. So etwas brachte Mädchen immer durcheinander. Er hätte es sich denken können. „Nun sag schon."

Doch da hatte Emily bereits eine Blüte herausgezogen und zupfte an den Blättern. „Er liebt mich, er liebt mich nicht, er liebt mich…"

Max riss ihr die Blüte aus der Hand. „So ein Schmarrn. Die armen Blumen. Und außerdem hab ich jetzt Hunger." Emily verzog das Gesicht. „Das stimmt aber wirklich, Max."

„Ja, ist ja gut. Willst du auch was?" Emily legte die Blumen auf den Holztisch und setzte sich auf die Bank vor dem Haus. „Schön ist es hier. Was gibt es denn?"

„Apfelkuchen, Käsekuchen, Strudel, Rohrnudeln, Nußzopf, Kakao, Auszogene, Apfelkrapfen, Topfenstrietzel, Bavesen, Ochsengurgeln…" Emily prustete los. „Ochsengurgeln! Was ist das denn?"

Doch statt einer Antwort ging Max hinein und brachte einen Teller mit. Wenig später ließen sie sich das köstliche, noch warme Schmalzgebäck schmecken.

Satt und zufrieden betraten sie nach dem Essen gemeinsam den Kramerladen und staunten über das Angebot. Hier
gab es einfach alles. Triumphierend hielt Emily etwas hoch:
„Schon wieder Ringelblumen, Max. Ringelblumensalbe."
In diesem Moment kam die Kramerin an den Tresen und
lächelte: „Des haben die Madln früher immer aufgetragen,
um von ihrem Liebsten zu träumen. Dabei…".

Mehr hörte Emily nicht, denn Max hatte sie am Arm
gefasst und zog sie energisch nach draußen. „Lass uns
gehen, Emily. Wir kommen später noch mal wieder."

Emily hatte keine Chance zu widersprechen. Den rest-
lichen Tag wanderten sie über das sonnenbeschienene
Gelände und genossen den Tag.

Emily hatte den Kramerladen fast schon vergessen, als
Max sie noch einmal dorthin führte. Inzwischen hatte der

Laden geschlossen, doch Max zog seinen Schlüssel aus der Tasche und hielt ihn Emily vor die Nase.

„Oh nein, Max. Nicht schon wieder." Doch Max öffnete bereits die hölzerne, reich verzierte Tür, zog Emily ins Haus, drückte die Tür zum Gastraum ebenfalls auf und betrat den Raum. Sein scharfer Blick traf die Uhr. Emily kannte diesen Gesichtsausdruck von Max. Er ging zielstrebig in die Ecke des Raums und klappte die Tür eines hölzernen Eckschrankes auf, in die ein schöner Stern geschnitzt war. Wieder einmal ließen sie Zeit und Raum hinter sich und blickten gemeinsam in die Schlafkammer eines Mädchens. Sie saß in einem langen weißen Nachthemd auf dem Rand ihres Bettes und rieb sich mit einer Salbe ein.

„Ringelblumensalbe", las Emily auf der Dose, die auf dem Nachttisch stand.

Dann faltete das Mädchen die Hände und betete: „Lieber heiliger Lukas, bitte lass mich heute nur von ihm träumen. Lass mich heute von Maximilian träumen." Dann legte sie sich in ihr Bett und schloss mit einem Lächeln die Augen.

Emily schlug die Hand vors Gesicht und prustete los. Sie konnte vor Lachen kaum noch atmen. Max schlug mit Schwung die Tür zu und stampfte ohne ein weiteres Wort hinaus.

Doch Emily, die sich von ihrem Lachanfall noch nicht erholt hatte, rief ihm nach: „Ich hab's dir doch gesagt, Max. Ringelblumen…"

SCHLAUMEIEREI

Hof aus Heretsham (64) mit Kornkasten aus Moosen (64a) und Windrad aus Garching (64b)

Der sogenannte Mörnerhof ist ein ehemaliger Vierseithof, der um 1600 erbaut wurde. Er gehörte zu dem unmittelbar danebenliegenden Schloss Heretsham. Auf dem Hof gab es sechs Pferde, vier bis fünf Schweine, fünf bis sechs Stück Jungvieh und ca. 20 Hühner. Dazu gehörte auch noch sehr viel Land, nämlich 530.000 Quadratmeter. Das entspricht der Größe von ca. 67 Fußballfeldern!

An der Glentleiten dient der Hof aktuell dazu, verschiedene Handwerksberufe zu zeigen. Die Räume im Erdgeschoss des ehemaligen Wohnteils sind deshalb als Werkstätten eingerichtet worden. Hier könnt Ihr dem Schreiner, der Sattlerin, dem Schuhmacher und dem Schäffler an bestimmten Tagen bei der Arbeit über die Schulter schauen. Vorab sei schon mal verraten, dass die Schäffler früher Fässer herstellten, in denen Wein, Bier, aber auch Butter gelagert wurde.

Eild oben: Schon von Weitem könnt Ihr hinter dem Mörnerhof das 14 Meter hohe Windrad erkennen.

Im Wirtschaftsteil findet Ihr Maschinen der Schuhgelenkfabrik Sollfrank aus Au bei Bad Aibling. Bestimmt fragt Ihr
Euch, was ein Schuhgelenk ist und wofür man es gebraucht
hat. Ein Schuhgelenk ist ein flaches, leicht gebogenes
Stück Holz, man nennt es auch Flachfeder. Die Firma Soll-

Auf den Maschinen der Schuhgelenkfabrik wurden früher Schuhgelenke, elastische Plättchen aus Buchenholz, gefertigt.

frank stellte diese Federn aus Buchenholz her. Sie wurden zwischen Ober- und Untersohle eingearbeitet. Dieses Schuhgelenk stützte den Fuß und hielt den Schuh in Form. Schuhgelenke können aus Holz, Stahl oder Glasfaser sein. Doch wie kam Georg Sollfrank Senior dazu, gerade Schuhgelenke herzustellen? Nach Erzählungen soll er in einer Eisenbahn gesessen haben, als er mit einem Mitreisenden ins Gespräch kam und diesen fragte, was er aus Holz herstellen könne. Der Mann hielt ihm ein flaches Holzstück entgegen und sagte: „Machen Sie das!" Der Name des Mannes war Friedrich Haueisen, der verschiedene Dinge für die Schuhproduktion an Firmen verkaufte. Da hatten sich die beiden Richtigen getroffen! Fortan produzierte Georg Sollfrank Schuhgelenke aus Buchenholz. Die „neuartigen Maschinen", die er dafür benötigte, wurden übrigens von ihm und dem Schlosser aus dem Dorf eigenhändig konstruiert. Die Schuhgelenkfabrik Sollfrank belieferte Schuhfabriken auf der ganzen Welt.

Doch manchmal kam „die Welt" auch nach Bayern, so wie im Fall von Pietro Zannantonio. Weil er in seinem Heimatland Italien keine Arbeit fand, kam er regelmäßig im Sommer als wandernder Kesselflicker in die Gegend von Starnberg. Er zog von Haus zu Haus und sammelte Metallgeschirr wie Töpfe und Pfannen ein und reparierte sie. Im Jahr 1909 zog er mit seiner Familie nach Starnberg. Zwölf Jahre später kaufte er sich ein Haus und richtete sich eine Werkstatt ein. Der bayerische Italiener, Zannantonio, wurde zu einer bekannten Adresse in Starnberg. Obwohl er sich mit seiner Familie gut eingelebt hatte, hielt er Kontakt zur alten Heimat, die er immer wieder besuchte.

Kornkasten aus Moosen (64a)

Kornkästen wurden häufig „schwebend" mit Abstand zum Boden gebaut, um es Mäusen und Ungeziefer schwer zu machen, an das wertvolle Korn zu gelangen. Der Moosener

Kornkasten wurde im Jahr 1512 erbaut. Einige Jahrzehnte später, im Jahr 1575, wurden die Holzwände im Obergeschoss mit erstaunlichen Motiven bemalt. Über dem Fenster sind schöne Muscheln gemalt. Auch ein vornehm gekleideter Herr in Schwarz und Rot ist zu sehen. Doch für die Feldarbeit ist er wohl doch etwas zu chic angezogen. Ein anderer Edelman scheint mit seiner zweispännigen Kutsche in die Stadt zu fahren. Die Stadt hat viele Türme. Im Kornkasten wurden wertvolle Gegenstände und das überlebenswichtige Getreide aufbewahrt. Vielleicht wurde er deshalb so schön bemalt?

Tipp: Wer mehr wissen will zu den Malereien, kann an einer Hörstation im Obergeschoss weitere Infos und Hintergründe erfahren.

Windrad aus Garching (64b)

Wenn Ihr morgens aufsteht und ins Badezimmer geht, dreht Ihr ganz selbstverständlich den Wasserhahn auf und es kommt - Wasser. Für uns heute ganz normal. In den Höfen früher war das nicht selbstverständlich. Da musste man nicht selten zum Brunnen gehen und Wasser holen. Jeder Bauer und jede Bäuerin wünschte sich bestimmt etwas, das diese lästige Aufgabe übernehmen könnte. Ein pfiffiger Brunnenbauer und Landwirt namens Peter Wolfmaier hatte die richtige Idee und baute zusammen mit dem Schlosser Matthias Bart im Jahr 1926 das Windrad, das heute an der Glentleiten steht. Ursprünglich pumpte es das Wasser in ein Reservoir oberhalb eines Hauses, von wo es dann über Rohre ins Haus gelangte. Endlich gab es eine Wasserleitung ins Haus!

Brrr, das Wasser, das vom Brunnen über die Leitung ins Haus kam, war bestimmt sehr kalt. Aber immerhin, es war im Haus und musste nicht mehr von draußen hineingetragen werden. Bis zur warmen Dusche, so wie wir sie heute kennen, war es aber noch ein weiter Weg.

HINTER DEN TÜREN...
EXPERIMENT
KESSELFLUG

Es war ein sonniger Tag, als Emily und Max zusammen in der Eisdiele Paradiso saßen. Emily zwinkerte Max über den Erdbeer-Sahne-Eisbecher zu und schob sich eine große Erdbeere in den Mund. „Hmm, lecker. Die Italiener machen doch einfach das beste Eis."

Max schnappte sich eine Erdbeere. Der Becher war so groß, dass er locker für beide reichte. „Stimmt. Da gibt es viel Gutes, was wir aus Italien haben. Es kamen Zucker-bäcker aus Venedig, Eisverkäufer aus Neapel und…", jetzt grinste er sein keckes Max-Grinsen, „sogar ein Kesselflicker aus Casamazzagno".

Emily stoppte den Eislöffel kurz vor ihrem Mund: „Kesselflicker aus Casamazzagno? Wie kommst du denn darauf?" Max zuckte mit den Schultern. „Casamazzagno ist so ein kleines Dorf irgendwo in den Dolomiten. Ich war noch nie da. Aber den Kesselflicker, den könnte ich dir viel-leicht zeigen." Seine Stimme wurde eine Spur tiefer, als er sagte: „Du weißt schon wie, Emily."

Max zuckte zusammen, als Emily sofort begeistert auf-sprang und rief: „Oh ja, Max, das machen wir. Zeig mir den Kesselflicker, ja!"

Mit dieser Begeisterung hatte Max nicht gerechnet. Er staunte, als Emily sofort zusagte, sich mit ihm schon am nächsten Tag im Museum am Mörnerhof zu treffen, um dort in die Werkstatt von Pietro Zannantonio zu schauen.

Es war genau 19.35 Uhr, als sie die Treppe in den ersten Stock zum ehemaligen Wirtschaftsteil hinaufstiegen und an der obersten Stufe stehen blieben. Erst jetzt bemerkte Max, dass Emily einen Sack über die Schulter geworfen hatte, in dem sich irgendetwas Großes wölbte. Emily schnaufte. Fra-gend sah Max sie an: „Was hast du da, Emily?"

Doch dann glitt sein Blick zur Uhr und er fluchte leise. Fast hätten sie den Zeitpunkt verpasst, der den Blick in die Vergangenheit freigab. Gerade in diesem Moment waberte die Luft vor ihnen. Es sah aus, als würden sie durch Wasser

schauen, dann war es soweit: Gegenwart und Vergangenheit verschoben sich und weil es keine Tür gab, sahen sie direkt in die Werkstatt des Italieners. Pietro Zannantonio saß auf einem Stuhl, auf seinen Knien hielt er einen großen Kupfertopf mit vielen Löchern, den er im Licht hin und her drehte. Max und Emily hörten, wie Zannantonio leise vor sich hin summte. Er hatte einen kräftigen Schnurrbart, den er gedankenverloren zwirbelte. Er schien zu überlegen, wie er diesen löchrigen Topf flicken sollte, da nahm Max eine Bewegung neben sich wahr. Emily war in die Hocke gegangen und nestelte an dem Sack herum, aus dem hin und wieder ein metallisches Scheppern drang. Obwohl sie niemand hören und sehen konnte, wurde Max sauer: „Mensch Emily, kannst du nicht etwas leiser sein."

Max blickte wieder in die Werkstatt. Ihm gefiel der Italiener, der so konzentriert den Kessel begutachtete. Zannantonio war inzwischen vom Summen ins Singen übergegangen. Es war ein italienisches Lied. Vielleicht war er mit seinen Gedanken gerade in seinem Heimatdorf Casamazzagno, dachte Max. Da hörte er neben sich ein weiteres Scheppern, Metall auf Metall, und dann sah er, wie Emily unter großer Kraftanstrengung einen Kupferkessel samt Henkel über den Kopf hob und mit voller Wucht in die Werkstatt von Pietro Zannantonio pfefferte.

Max blieb das Herz stehen. Was war in Emily gefahren? Hatte sie den Verstand verloren? Entgeistert sah er sie an, doch Emilys Blick war abwesend. Sie verfolgte die Flugbahn des Kessels, dieses schweren Kupferkessels ihrer Tante, der plötzlich aussah, als würde er in Zeitlupe durch Raum und Zeit fliegen, um schließlich mit einem lauten metallischen Knall auf den Boden der Werkstatt des Italieners aufzuprallen, als sei er aus dem Nichts gekommen. Pietro Zannantonio war von seinem Stuhl gesprungen und drückte die Faust auf seine Brust. Seine Augen weit aufgerissen, konnte er nicht glauben, was er soeben erlebt hatte. War da ein Kessel auf ihn zugeflogen? Während der arme Italiener an seinem Verstand zweifelte und sich kaum traute, sich diesem Kessel zu nähern, sagte Emily in die nun eingetretene schockhafte Stille: „Also doch."

Bevor noch mehr passieren konnte, griff Max Emily an der Schulter und schob sie vor sich die Treppe hinunter nach draußen.

„Sag mal, bist du von allen guten Geistern verlassen?" Emily, die sich über ihren eigenen Mut wunderte, erwachte wie aus einem Traum. „Es tut mir leid, aber ich wollte nur sehen, was passiert, wenn man… und der Kessel musste ja wirklich geflickt werden… und…"

„…da dachtest du, du schmeißt ihn einfach Zannantonio vor die Füße, oder wie?"

„Ja, aber ich hätte doch niemals gedacht, dass es funktio-
niert. Bitte verzeih mir. Ich werde es nie wieder tun." Davon
war Max überzeugt, denn er hatte den Schreck in Emilys
Augen gesehen. Er fasste sie an den Armen.

„Emily, du musst mir versprechen, so etwas nie wieder zu machen. Mein Großvater hat gesagt: ‚Niemals darf man auf die Vergangenheit Einfluss nehmen‘, niemals, hörst du!"

Emily, die noch butterweiche Knie hatte, schwor jeden Eid, den Max hören wollte. Danach gingen sie nach Hause, doch in dieser Nacht verfolgte Emily das Scheppern des Kessels bis in ihre Träume.

SCHLAUMEIEREI

Hof aus Rottach-Egern (32) mit Zuhaus (32a)

Das Gebäude wurde 1729 errichtet. Im Jahr 1783 heiratete Joseph Jaud, Weber und Spielmann, in den Hof ein. Die erstgeborenen Söhne der nächsten fünf Generationen, die den Hof übernahmen, trugen alle den Namen „Joseph Jaud". Das Weberhandwerk wurde bis 1956 betrieben. Da die Landwirtschaft zu wenig einbrachte, waren Fischerei und Weberei wichtige zusätzliche Einnahmequellen.

Die meisten Gegenstände im Gebäude sind Originale. Das Haus wurde also samt der kompletten Einrichtung ins Museum übernommen. Schaut Euch unbedingt den blau-

Bild oben: Im Fischerweberhof wohnten im Sommer Feriengäste. Deshalb gab es hier schon vor über hundert Jahren schönen Blumenschmuck am Balkon und sogar eine Markise.

Das „weiße Zimmer" wurde, ebenso wie die benachbarte Schlafkammer, an „Sommerfrischler" vermietet.

orange gestreiften Rock im Schlafzimmer aus dem Jahr 1960 an. Der Stoff dafür wurde im Fischerweberhaus gewebt.

Etwa um 1900 hatte die Familie Jaud eine weitere gute Idee, um an zusätzliche Einnahmen zu kommen. Da das Haus direkt am Tegernsee lag, begannen sie damit, ihre Räume an Feriengäste zu vermieten. Die Gastfamilien aus der Stadt reisten zum Teil samt Dienstpersonal und Köchin an und bewohnten im Erdgeschoss Stube und Hausflur sowie vier Zimmer im Obergeschoss samt Balkon. Normalerweise blieben sie für einen ganzen Monat. In dieser Zeit rückte die Hoffamilie Jaud in nur zwei Kammern und einer kleinen Stube zusammen. Vielleicht waren es die Gäste aus der Stadt, die den Kindern der Jauds auch die Spielsachen mitbrachten, die Ihr in einer Schlafkammer im Obergeschoss ansehen könnt.

Sogar der berühmte Kammersänger und Filmstar Leo Slezak verbrachte regelmäßig seine Sommerferien im Fischerweberhof. Obwohl er viele Bühnen auf der ganzen

Welt kannte und sogar bis New York reiste, gefiel es ihm im Fischerweberhof so gut, dass er immer wieder kam.

Zuhaus aus Rottach-Egern (32a)

Teile dieses Zuhauses sind von 1482, und somit die ältesten Gebäudeteile an der Glentleiten. Ein Zuhaus ist ein zum Haupthaus gehörendes Nebengebäude, meist mit einer Wohnung für den Austrag. Das Zuhaus im Museum gehörte der Familie Jaud und stand in direkter Nachbarschaft zum Hof. Es birgt einige Geheimnisse in sich. Doch davon ahnten die beiden Archäologen, die für das Museum an der Stelle eine Ausgrabung machten, an der das Zuhaus über 500 Jahre lang gestanden hatte, zunächst nichts. Als sie jedoch in ca. 70 cm Tiefe unter dem Haus zwei Tierskelette fanden, waren sie überrascht. Es handelte sich um ein Ferkel und um ein Kalb, deren Schädel nach Osten ausgerichtet worden waren. Also in Richtung Sonnenaufgang. Bis heute ist unklar, wer diese Tiere dort vergraben hatte und vor allem warum. Doch damit der Rätsel nicht genug!

Da staunten die Archäologen nicht schlecht: Im Boden fanden sie zwei Tierskelette. Ihr könnt sie euch im Zuhaus ansehen.

Das sieht man nicht alle Tage: Im Zuhaus befindet sich eine kleine Kapelle. Sie ist randvoll mit Figuren, Heiligenbildern und anderen religiösen Gegenständen.

Denn ebenso spannend ist die in das Zuhaus eingebaute Kapelle. Sie ist über und über mit religiösen Gegenständen gefüllt. Man erschreckt sich fast ein wenig, wenn man in den kleinen Raum hineinsieht. Einige Dinge scheinen aus Kirchenbesitz zu stammen. Andere wiederum hat wohl der erste der vielen Josef Jauds selbst hergestellt. Außerdem machte man in der Kapelle noch einen weiteren sensationellen Fund. Denn in einem Rahmen mit Heiligenbildern wurden sehr alte Spielkarten gefunden. Der fast vollständige Kartensatz aus der Zeit um 1700 wurde vom Münchner Kartenmacher Georg Schropp angefertigt.

Nachdem am ursprünglichen Standort mehrmals versucht worden war, in die Kapelle einzubrechen, wurde die Außentüre vor ungefähr 50 Jahren verschlossen und von innen verbarrikadiert. Wie Dornröschen sank sie in einen tiefen Schlaf, bevor sie an der Glentleiten vorsichtig wieder aufgeweckt wurde. Heute könnt Ihr die vielfältige Ausstattung auf Euch wirken lassen und vielleicht für Euch die Frage beantworten, warum Joseph Jaud sie gebaut hat. Doch es gibt noch mehr Geheimnisse rund um das Zuhaus des Fischerweberhofs!

Denn beim Abbau des Zuhauses am ursprünglichen Ort wurde eine religiöse Medaille unter der Schwelle der Balkontür gefunden. Sie war zum Schutz in Wachspapier eingeschlagen und befand sich in einem Versteck in einer ausgehöhlten Stelle eines Holzbalkens. Dort fand man auch die Scherben eines Hinterglasbildes. Wer hatte es dort ver-

Ein zerbrochenes Hinterglasbild und eine religiöse Medaille wurden ebenfalls im Zuhaus gefunden. Wurden sie absichtlich versteckt?

steckt und warum? Niemand kann dies heute sagen. Offenbar bedeutete es demjenigen, der es versteckte aber sehr viel. Vielleicht sollte es die Bewohner des Hauses schützen?

Und damit kommen wir zum vorläufig letzten Geheimnis des Fischerweberhofs: Unter dem Holzboden der Hauskapelle, genau genommen unter den Dielen, fand man eine Silbermünze aus dem 16. Jahrhundert. Das ist wirklich sehr ungewöhnlich, weil diese Münze in Lucca hergestellt wurde. Lucca ist eine Stadt in der Toscana, also in Italien. Wie kam die Münze in das Haus der Fischerweber, das so weit von Italien entfernt war? Brachte sie ein Gast mit? Wir werden es leider niemals erfahren.

Tipp: Wie Ihr seht, ist das Zuhaus des Fischerweberhofs ein Haus voller Rätsel und Geheimnisse. Vielleicht habt Ihr ja eine Idee, wie die Münze ihren Weg zum Tegernsee fand oder warum die Hofbewohner zwei junge Tiere vergruben? Darüber ließen sich viele Geschichten spinnen... Wenn Ihr Lust habt, versucht Euch doch mal als Geschichtenerzähler rund um die Geheimnisse des Fischerweberhofs.

HINTER DEN TÜREN...
BESUCH IM HAUS

Es muss sehr schön für die Stadtleute gewesen sein, in den Bauernhöfen Urlaub zu machen", sagte Emily. Sie hatte einen Apfel in der Hand und wanderte mit Max an der Streuobstwiese entlang in Richtung Fischerweberhof. Max nickte: „Ja, das war damals in Mode. ‚Sommerfrische‘ haben sie früher den Urlaub auf dem Land genannt. So konnten die Bauern sich etwas dazu verdienen."

Der Fischerweberhof mit seinen grünen Holzläden und dem großen Balkon, auf dem rote Geranien blühten, tauchte vor ihnen auf. Emily seufzte: „Da würde ich auch gern Urlaub machen!" Max grinste frech: „Das wirst du auch gleich, Emily." Er sah auf die Uhr. „In genau einer Stunde."

Emily sah ihn skeptisch an: „Wie meinst du das, Max? Werden wir wieder…"

„…einen Blick in die Vergangenheit werfen", beendete Max ihren Satz. „Ja, aber erst gehen wir in das Zuhaus und sehen uns die Kapelle an. Die ist wirklich der Wahnsinn."

Als sie kurz darauf durch das Glas in die zweigeschossige kleine Hauskapelle blickten, fehlten Emily die Worte. Engel mit goldenen Flügeln sahen auf sie herab, ein Jesus übersät mit blutenden Wunden, die Augen geschlossen, Kerzenständer, Heiligenbilder, goldene Verzierungen, die Heilige Barbara mit einem Kelch in der Hand, all das und noch viel mehr türmte sich vor ihren Augen auf und ließ sie flüstern.

„So etwas habe ich noch nie gesehen", hauchte Emily. Max dachte daran, wie er die Kapelle mit seinem Großvater das erste Mal gesehen hatte. Da ging es im genauso, er war überwältigt von all den Eindrücken. Sanft und ohne noch etwas zu sagen, zog er Emily weg, hinaus in den Sonnenschein. Sie setzten sich auf die Stufe vor dem Haus und aßen schweigend einen Apfel. Die Sonne schien heiß auf ihre Köpfe und Schultern und wärmte auch von innen.

Plötzlich sprang Max auf und riss Emily mit sich: „Mensch, jetzt müssen wir aber, sonst ist es zu spät."

Gemeinsam rannten sie los, sprangen in den Fischer-
weberhof und blieben vor einer grünen Anrichte in der
Stube stehen, deren Türen mit Blumen und Ornamenten
bemalt waren. Die gemalte Borte an der Wand direkt über
der Anrichte gefiel Emily. Sie passte einfach perfekt dazu.
Max zog eine der bemalten Türen auf und... sie sahen ein
Mädchen und einen Jungen, die auf dem Holzfußboden
saßen und spielten. Das Mädchen hielt ein Püppchen in der
Hand, das sie soeben auf einen weißen Stuhl in die kleine
Puppenstube setzte. Die Gardinen der Puppenstube waren
weiß-blau kariert, ein Herd, zwei Eckschränke, ein Tisch
und zwei Stühle bildeten die Einrichtung des Spielzeughau-
ses. Der Junge würdigte die Puppenstube keines Blickes, zu
sehr war er mit einer hölzernen Mühle beschäftigt. Dabei
drehte er das Wasserrad und lud die Puppe wiederholt ein,
die Mühle zu besuchen und Mehl zu kaufen. Schon griff das
Mädchen nach einer kleinen Kuchenform aus Blech und
legte das Püppchen in einen gestreiften Gartenstuhl, als
eine Stimme irgendwo aus dem Haus sie rief: „Jetzt kommt
Kinder, sagt unseren Gästen auf Wiedersehen."

Die beiden sprangen auf und rannten die Treppen hinunter. Stürmisch umarmten sie die Feriengäste, die samt
ihrer Koffer im Flur des Hauses warteten.

„Vielen, vielen Dank für die schönen Spielsachen", sagten
sie und sausten ebenso schnell, wie sie gekommen waren,
wieder hinauf in den ersten Stock, wo noch ein Domino-
spiel, ein Häuserbausatz aus Holzklötzen und ein klitze-
kleines Mini-Schubladenschränkchen auf sie warteten.
Gerade zog das Mädchen an einer der kleinen Schubladen
und schrie überrascht auf. Denn was sie sah, war nicht
der Inhalt der kleinen Schublade, sondern eine Werkstatt,
in dem ein Schreiner gerade damit beschäftigt war, eben
jenen kleinen Schubladenschrank zu schleifen. Schnell
schob das Mädchen die Schublade wieder zu, so als wollte
sie ihr Geheimnis mit niemandem teilen. Max und Emily

sahen sich vielsagend an. Dieses Haus war wirklich voller Geheimnisse. Als sie wenig später hinaus und in die Gegenwart ihrer wirklichen Welt traten, schmunzelte Max. Denn er wusste, in diesem Haus gab es noch viele Türen, die er Emily zeigen konnte. Doch für heute sollte es genug sein.

SCHLAUMEIEREI

Hofmühle aus Unterlandtal (T12)

Wie erfinderisch manche Bauern waren und dass sie sogar schon eine „Fernbedienung" hatten, erzählt die Geschichte der Hofmühle aus Unterlandtal. Sie wurde vor 1454 bereits das erste Mal urkundlich erwähnt. An der Glentleiten wird die Hofmühle manchmal auch „das abgelegene Haus" genannt, weil sie zu einem abgelegenen Bergbauernhof im Berchtesgadener Land gehörte.

Der Weg führt durch ein Waldstück auf die kleine Hofmühle zu, die den Ideenreichtum aller Generationen der Familie Votz zeigt. Manchmal waren sie in ihrer Begeisterung wohl auch etwas ungestüm, denn 1875 wurden Wolfgang Votz und der Zimmermann Peter Votz zu je zehn

Bild oben: Die Hofmühle gehörte zu einem abgelegenen Bergbauernhof im Berchtesgadener Land und zeugt vom großen Erfindergeist ihrer Betreiber. Die Rahmensäge sowie die anderen Geräte und Maschinen bauten sie selbst.

Talern Strafe verurteilt, weil sie keine Baugenehmigung für die Drechslerei eingeholt hatten. Die Familie verfügte über Waldbesitz, betrieb Holzverarbeitung und nutzte dafür die Wasserkraft. Ein Wasserrad trieb Drechselbank, Kreissäge und Schleifanlage an. Bis 1936 gab es ein Wasserrad, später kam noch eine Turbine hinzu, die ebenfalls durch Wasserkraft angetrieben wurde. Der Einfallsreichtum der Familie Votz war unermesslich. So erfanden sie eine „Fernbedienung" für die Turbine, denn diese musste nachts abgestellt werden, um Wasser zu sparen. Dafür drehte man im 200 m entfernten Wohnhaus an einer Kurbel. Diese Kurbel bewegte eine Fahrradkette an der Drahtseile befestigt waren, die über ein Zahnrad den Wasserzufluss zur Turbine öffneten oder schlossen.

Ähnlich spannend war die Erfindung des Mistaufzugs. Die Votz-Männer waren immer daran interessiert, die Hofarbeit so leicht wie möglich zu gestalten. Hinter dem Hof gab es eine sehr steile Wiese. Um sie zu düngen, setzten sie ebenfalls die Kraft des Wassers ein. Ein mit Mist beladener Karren konnte mithilfe der Turbine und einer Seilwinde den Hang hinaufgezogen werden. Der Bauer musste nur noch lenken. War er oben, stellte eine weitere Person mit der „Fernbedienung" die Turbine ab.

Die Hofmühle war auch eine sogenannte „Gmachmühle". Das heißt, dort durfte für den Hausgebrauch Getreide gemahlen werden. Auch dafür erfanden die Mühlbauern eine automatische Abschaltung, damit die Mühle nicht im „Leerlauf" weiterlief, nachdem das Getreide fertig gemahlen war.

Besonders die Ideen zweier Männer, nämlich Anton Votz und dessen Sohn Johann Votz, machten die Mühle damals zu einem wahren Wunderwerk der Technik. Vielleicht machte ja gerade die Abgelegenheit der Hofmühle die Bewohner so erfinderisch?

HINTER DEN TÜREN...
DER FALL
MISTKARRE

Von allen Geschichten, die ihm sein Großvater erzählt hatte, mochte Max eine ganz besonders. Ihm gefiel die erfinderische Familie Votz. Für Max waren sie die „Robinson Crusoes" der Mühlbauern, denn auch sie ließen sich einiges einfallen, um auf ihrem einsamen Hof in einem Hochtal zu überleben. Sie waren allein auf sich gestellt und erfanden viele Dinge, die ihnen das Leben erleichterten. Ganz nach dem Motto: Not macht erfinderisch. Max hatte von seinem Großvater auch die Geschichte mit dem Mistaufzug gehört. Nun wollte er mit Emily einen praktischen Versuch starten. Er hatte sie um drei Uhr an die Hofmühle Unterlandtal bestellt. Auf einer Decke wartete er, auch diesmal wieder mit einem Picknick, das sie sich aber erst verdienen mussten. Schon sah er seine Freundin den Hang hinaufkommen. Sie hatte ein weißes Kleid an und Max überlegte, ob er ihr vielleicht doch hätte verraten sollen, was er vorhatte. Noch strahlte Emily, als sie die ausgebreitete Decke sah, noch sah sie nicht, was am Fuß des Hanges auf sie wartete. Sie ließ sich auf die Decke plumpsen.

„Hey, Max. Da bin ich. Hast du was zum Essen dabei? Ich liebe Picknick."

Max legte die Hand auf den Rucksack. „Sag mal Emily, hast du noch was anderes zum Anziehen mitgebracht?"

Emily sah an sich hinunter: „Wieso? Gefällt dir das Kleid nicht?" „Doch, doch", beeilte sich Max zu sagen, „aber es könnte sein, das es etwas ungünstig ist, weißt du."

Emily überhörte seine Antwort und rümpfte die Nase: „Sag mal, was stinkt hier denn so?" Sie ließ den Blick schweifen und entdeckte unten am Fuße des Berges den Wagen mit einer Ladung dampfendem Mist.

Sofort sprang Max auf und rief: „Wusstest du, dass man damit Strom machen kann? Und es gibt sogar Länder, da ist Kamelmist ein wichtiges Brennmaterial, um ein Feuer zu machen. In der Wüste ist es nachts verdammt kalt."

Emily war ebenfalls aufgestanden und sah Max zweifelnd an. „Was soll das, Max? Warum steht da ein Karren voller Mist?"

Sie hatte die Hände in die Hüften gestemmt, das weiße Kleid leuchtete in der Sonne, die dünne, ebenfalls reinweiße Strickjacke wirkte so sauber auf Max, dass er die nächsten Worte fast nicht herausbrachte. Ein dicker Knödel hing in seinem Hals fest und ließ nur ein dünnes Stimmchen heraus: „Also, ich dachte, ich meinte, dass wir den Karren vielleicht eben mal schnell da rauf schieben könnten." Er zeigte auf einen Baum am Hügel. „Es ist ein Versuch für Physik, weißt du. Ich dachte, du könntest mir helfen…"

„Das Denken solltest du wohl besser den Kamelen überlassen, Max. Wie stellst du dir das vor, mit dem hier?" Sie zeigte auf ihr Kleid. „Das ist wirklich ein sehr schönes Kleid", sagte Max, dem nichts besseres einfiel. Er ließ den Kopf hängen.

„Also gut, also gut", sagte Emily und stapfte auf den Mistkarren zu. „Du hast es nicht anders gewollt, aber wenn … Oh, wie das stinkt, Max. Ich halte das nicht aus." Da griff Max in seine Hosentasche und holte zwei Wäscheklammern heraus. Emily grinste: „Du denkst aber auch an alles. Also komm, bringen wir es hinter uns." Nur ganz kurz beschlich Max ein schlechtes Gewissen, doch dann griffen sie beide zu und schoben den Karren Stück für Stück den Hang hinauf. Er war wirklich sehr schwer und sie mussten ihr ganzes Gewicht einsetzen. Max stellte seine Stoppuhr. Wie lange brauchen zwei Kinder, um einen voll beladenen Mistkarren einen Berg hochzuschieben? Schon nach wenigen Minuten schwitzten sie und die Wäscheklammern störten. Plötzlich blieb Emily mit ihrem Schuh an einem Stein hängen, sie stolperte und riss die Arme in die Luft. Das ganze Gewicht des Karrens übertrug sich auf Max, der strauchelte, der Karren schwankte und fiel mit einem Poltern zur Seite, wobei er Emily in ihrem weißen Kleid mit

sich riss. Max sah ein Knäuel aus Emily, Mistkarren und
Mist den Abhang hinunter kugeln. Der Dreck spritzte in
alle Richtungen. Emily schrie und blieb am Fuß des Hügels
sitzen.

Max rannte auf sie zu. „Emily, hast du dich verletzt?"
Sie sah ihn an, dann schlug sie mit beiden Fäusten in den
Dreck und schrie: „Ich habe das Zeug sogar in der Nase. So
ein verdammter Mist!"

Und im nächsten Moment lachte sie so laut, dass ihr die
Tränen die Wangen hinunter liefen, und auch Max lachte,
setzte sich neben sie, mitten rein in den ganzen Haufen.
Als sie sich von ihrem Lachanfall erholt hatten, erzählte
Max Emily dann von einer Tür in der Hofmühle Unter-
landtal, die er einmal geöffnet hatte. Dort hatte er gese-
hen, wie der Mistaufzug der Familie Votz funktionierte.
Der Karren stand unten am Fuß des Hügels und wurde

über eine Umlenkrolle an einem Baum und eine Seilwinde in der Mühle nach oben gezogen. Nun wussten sie beide, wie wichtig diese Erfindung des Mistaufzugs für die Familie gewesen war. Max und Emily hatten soeben am eigenen Leib erfahren, wie schwer ein voller Mistkarren war. Ihn mit einem Aufzug den Berg hinaufzuziehen, war eine super Idee gewesen. Ziemlich stinkend, aber ein bisschen schlauer machten sie sich auf den Rückweg und ließen die abgelegene Mühle hinter sich.

SCHLAUMEIEREI

Kleinanwesen aus Straß (42)

Stellt Euch vor, Ihr kommt in ein Haus, in dem die Zeit stehen geblieben ist. So ähnlich muss es für die Mitarbeiter der Glentleiten gewesen sein, als sie zum ersten Mal das sogenannte Weberhäusl betraten. Der älteste Teil des Weberhäusls wurde 1597 erbaut. Wie in vielen Kleinanwesen gab es auch hier eine Werkstatt. Die Werkstatt wurde zuletzt von dem Zimmermann Franz Schauer benutzt. Er lebte mit seiner Tochter Kathi allein in dem Haus, in dem es weder elektrisches Licht noch ein Radio gab. Bis etwa 1900 holte man das Wasser für Mensch und Tier aus dem Brunnen neben dem Haus. Später legte man eine Rohrleitung vom Brunnen in die Werkstatt des Hauses. Unglaublich, aber es gab nur in der Werkstatt per Handpumpe kaltes Wasser! Kathi, die letzte Bewohnerin des Hofs, hatte kein fließendes Wasser in den anderen Zimmern. Badewasser, Wasser zum Kochen, zum Abspülen – alles musste aus der Werkstatt mit Eimern

Bild oben: Das Weberhäusl ist weitgehend aus Holz gezimmert. Neben dem Wohnhaus befinden sich außerdem ein Brunnen und ein Backhäuschen.

angeschleppt und auf dem Ofen warm gemacht werden. Erst im Jahr 1963 wurde das Haus an die zentrale Trinkwasserversorgung im Ort angeschlossen, die dafür sorgte, dass in allen Häusern fließend Wasser vorhanden war.

Aber bis 1981 gab es keinen Stromanschluss! Für die Beleuchtung sorgten Petroleum- und Karbidlampen. Das Petroleum, das aus Erdöl besteht, musste im Kramerladen eingekauft werden. Karbidlampen kennt Ihr vielleicht aus dem Bergbau. Durch eine chemische Reaktion entsteht ein brennbares Gas in der Lampe. Beide Lampen produzierten aber auch jede Menge Ruß.

Im Weberhäusl scheint die Zeit stehen geblieben zu sein: So lebte Kathi Schauer bis zu ihrem Tod 1981.

Der Vater von Kathi Schauer war Zimmermann und fertigte in der Werkstatt Wasserleitungen und Kleingegenstände aus Holz.

Wenn man die Lampen auffüllte und anzündete, musste man aufpassen. Denn wenn ein Hof Feuer fing, der vorwiegend aus Holz gebaut war, endete das in einer Katastrophe.

Und es war kalt im Weberhäusl. Vor allem im Winter. Die letzte Bewohnerin des Weberhäusls schlief in einer nicht beheizbaren Schlafkammer und hatte nur ein Plumpsklo neben dem Haus und einen Nachttopf unterm Bett. Heute denken wir über so etwas gar nicht mehr nach, wenn wir ganz selbstverständlich in unseren warmen Wohnungen und in beheizbaren Zimmern leben. Vielleicht hat man sich früher den Gang auf die Toilette manchmal verkniffen, um nicht auf das kalte Plumpsklo zu müssen.

Tipp: Habt Ihr das „bunte Haus" schon gesehen? Es steht ganz in der Nähe vom Weberhäusl. Zwischen der Unterlandtalmühle und dem Weberhäusl findet Ihr das Waidachergütl (43), das durch seine farbenfrohe Bemalung ein wahrer Augenschmaus ist.

Hinter den Türen...
Expedition
Plumpsklo

Max faltete die Karte zusammen. Genauso einen hatte er Emily per Post zugeschickt. Der Plan – an dem er einige Stunden gezeichnet hatte – sah aus wie eine Schatzkarte und zeigte das Gelände der Glentleiten. Doch Max war sich nicht sicher, ob Emily damit klarkommen würde. Denn der Winter hatte die Landschaft in diesem Jahr früh im Griff. Alle Wege waren bereits tief verschneit und die Dächer der Häuser trugen weiße Mützen. Er beschloss ihr so viel Spuren wie möglich zu hinterlassen, schulterte seinen Rucksack, auf dem zwei Schlafsäcke klemmten, und machte sich auf den Weg durch den Schnee. Als Ziel hatte er in den Plan das Wort „LSUÄHREBEW" eingetragen. Ob Emily wusste, was er damit meinte?

Sein Weg führte vom Museumseingang aus an den Mühlen vorbei, rechts durch einen Schluchtwald mit einer Brücke über einen Bach und dann steil bergauf und endete an dem Kleinanwesen aus Straß. Hier wohnte zuletzt Kathi Schauer ganz allein. Max sah sich um, Emily war noch nicht in Sicht. Er nahm den Schlüssel aus der Tasche und schloss die Türe auf. Dann betrat er die Stube und ließ seinen Rucksack auf den Boden fallen. Es war trotz der schlichten Einrichtung irgendwie gemütlich hier. Die Vorhänge waren mit roten Blumenornamenten geschmückt, in einer Küchenanrichte stand das Geschirr, auch Bierkrüge waren dabei und ein mit einer roten Decke überzogenes Kanapee beherrschte den Raum. Max wusste von seinem Großvater, dass Kathi Schauer auf genau diesem Sofa oft gesessen hatte. Es gehörte zur originalen Einrichtung des Hauses. Natürlich kam es nicht in Frage, dass sie darauf schliefen. Max hatte ja Schlafsäcke dabei. Gerade stellte er die Petroleumlampe auf den Tisch, als er draußen ein Geräusch hörte. Kurze Zeit später betrat Emily den Raum, ebenfalls mit einem Rucksack bepackt.

„Hallo Max, da hast du mir ja ein schönes Rätsel gestellt!" „Aber du hast es rausgefunden", antwortete Max.

„Klar, so schwer war es auch wieder nicht. Ich habe nicht
so lange gebraucht, um herauszufinden, dass man LSUÄH-
REBEW rückwärts lesen muss – und heraus kam: WEBER-
HÄUSL. Da bin ich, Max. Und jetzt?" Sie sah sich um. „Oh,
hier ist es heimelig, aber auch echt kalt." Emily fröstelte.
„Machen wir die an?" Sie zeigte auf die Petroleumlampe.

„Würde ich gern, geht aber nicht, das ist einfach zu
gefährlich mit dem Feuer hier. Wir müssen uns vorstellen,
dass sie an ist." Er legte seine große Taschenlampe auf den
Tisch. „Die muss reichen."

„Wofür reichen, Max?" Emily hatte einen unruhigen Ton
in der Stimme.

„Na, wir werden die Nacht über hierbleiben und genau um Mitternacht einem besonderen Ort einen Besuch abstatten." „Ich hätte es mir denken können." Emily seufzte.

Sie breiteten die Schlafsäcke auf dem Holzfußboden aus und setzten sich darauf. Max holte eine Thermoskanne aus dem Rucksack und einige Kekse. Er goss einen Becher Tee ein. „So, meine liebe Emily, jetzt möchte ich, dass wir eine ganze Stunde lang still sind. Meinst, du, das schaffen wir?"

Emily zuckte mit den Schultern. „Warum willst du, dass wir leise sind, Max?" „Weil ich wissen möchte, wie das früher für Kathi Schauer war, die nach dem Tod ihres Vaters knapp 20 Jahre hier ganz allein gelebt hat."

Und während sich die Dunkelheit über das kleine Weberhäusl senkte, waren Max und Emily ganz leise. Sie tranken Tee, aßen den mitgebrachten Proviant und lauschten auf die Geräusche des Hauses. Hier und da knarzte etwas im Holz und draußen tanzten geräuschlos leichte Schneeflocken ihren Wintertanz. Irgendwann hatten sich

Max und Emily an die Stille gewöhnt und sprachen nur leise miteinander.

„Ist gar nicht so schlecht, mal leise zu sein", flüsterte Emily. „Finde ich auch", sagte Max. Die nächsten Stunden vergingen so still, dass Emily die Beine einschliefen und sie in einen dämmerigen Halbschlaf fiel. Max ging es genauso. Fast hätte er das Ziel seiner Expedition verschlafen, doch da klingelte der mitgebrachte Wecker in seinem Rucksack. Emily und er zuckten zusammen. Max sah auf die Uhr. „Oh, jetzt müssen wir aber raus."

Emily hatte es sich inzwischen abgewöhnt nachzufragen. Sie stand auf und folgte Max, der vorausgegangen war. Er riss die Haustüre auf und sah sofort, dass etwas anders war. Während draußen am Fenster das Schneetreiben aufgehört hatte, schneite es nur hinter dieser Tür heftig weiter. Und draußen vor der Tür lag viel mehr Schnee als vorher.

„Wir sind wieder in der Vergangenheit", murmelte Max. Dann öffnete sich die Tür und ein fluchender Junge kam heraus: „Warum muaß der glumberte Nachttopf grad heut dabrecha! Jetz muaß i raus." Er stapfte mit einer dünnen Jacke zum Plumpsklo. Er hatte die Arme um sich geschlungen und zitterte am ganzen Körper.

„Vielleicht hat er bei Kathi übernachtet, wegen dem Schnee. Kinder hatte sie nämlich nicht. Sie war ganz allein", flüsterte Max. Der Junge öffnete die Tür zum Plumpsklo und ging hinein.

„Boa, der muss aber frieren", sagte Emily, der inzwischen fürchterlich kalt geworden war. Plötzlich schlug die Tür des Plumpsklos auf und der Junge kam wieder herausgerannt. „Kathi, jetz is as Plumpsklo a no voi."

Noch während er auf das Haus zu rannte, zog er sich die Hosen hoch. Max und Emily hielten die Luft an, als er an ihnen vorbei durch die Haustür stürmte und im Haus verschwand. Es war ein eigenartiges Gefühl, wenn Gegenwart und Vergangenheit direkt aufeinandertrafen.

Wieder in der Stube knipste Max die Taschenlampe an, die den Raum nur spärlich beleuchtete. Aber viel mehr Licht hatte Kathi wohl auch nicht gehabt – und auch kein warmes Wasser. Emily fröstelte, als sie in den Schlafsack kroch, und obwohl dieser warm gepolstert war, fror sie in dieser Nacht im Weberhäusl. Sie war froh, als sie mit Max das Haus am nächsten Morgen wieder verlassen konnte. Ihr letzter Blick galt dem Plumpsklo. Noch nie hatte sie sich so sehr auf ihre Toilette und das Badezimmer zu Hause gefreut.

SCHLAUMEIEREI

Hof aus Altenbeuern (22)

Der Bachlhof aus Altenbeuern wurde 1513 das erste Mal in einer Urkunde erwähnt und 1769 in der heutigen Form von Anton und Maria Meyerl übernommen. Da der Landbesitz der Bauern klein war, mussten sie – wie viele andere auch – zusätzliche Arbeiten verrichten. In diesem Fall leitet sich der Hausname von der Zusatzarbeit ab. Die Familie durfte „pächeln". Sie hatten also die gräfliche Erlaubnis, Harz zu sammeln, um daraus Teer und Pech herzustellen. Außerdem waren die Hofbesitzer seit 1635 mit dem Mesnerdienst betraut. Ein solcher Kirchendienst war häufig mit einem Haus verbunden, das heißt, alle künftigen Bewohner übten diesen Dienst aus. Ein Mesner bewachte die Kirche, kaufte Oblaten und Kerzen und läutete die Glocken. Er sorgte dafür, dass in der Kirche alles in Ordnung war. Auch durch diesen Dienst konnte der Hofbesitzer etwas Geld dazu verdienen.

Bild oben: Ganz in der Nähe des Bachlhofs steht ein Kalkofen, in dem aus Steinen Kalk gebrannt werden kann.

Später, während des Zweiten Weltkriegs wurde im Bachlhof sogar eine Postdienststelle eingerichtet. Es war gar nicht so selten, dass Postämter in Privathäusern untergebracht wurden, um ein flächendeckendes Poststellennetz zu schaffen. Max Meyl leitete die Poststelle im Bachlhof, die in der Stube untergebracht war. Doch die Hauptarbeit am Hof machten Gras, Heu und Vieh. Bei schönem Wetter stand der Bauer gegen drei oder vier Uhr morgens auf, um mit der Sense zu mähen. Man nutzte den Morgentau auf den Wiesen, bei dem die Sense gut glitt und sich das Gras besser schneiden ließ. Ab fünf Uhr wurde die Stallarbeit von der Bäuerin und den Kindern verrichtet. Die Kühe wurden gemolken, die Ställe ausgemistet und die Tiere versorgt.

Danach ging auch der Rest der Familie auf das Feld und beteiligte sich am Mähen. Dem Vater brachte man bei der Gelegenheit gern einen Kaffee mit, allerdings war dieser meist mit Getreide verdünnt – kein Vergleich zum heutigen Cappuccino. Gegessen wurde übrigens fünfmal am Tag. Eine Stunde nach dem Aufstehen eine Art Getreide-Mus, im Sommer Milchsuppe. Um neun Uhr gab es Brot. Das Mittagessen, um elf Uhr, bestand aus Sauerkraut und Topfennudeln – sehr, sehr selten mit kleinen Fleischbröckchen. Nachmittags gab es nochmals Brot und zum Abendessen Sauerkraut und Nudeln oder eine Suppe. Nur manchmal kleine Küchlein. Von Fleisch oder Wurst konnte man nur träumen. Das war besonderen Feiertagen vorbehalten. Butter kam nur selten auf das Brot, denn diese wurde häufig zu Butterschmalz verarbeitet. Butterschmalz war sehr lange haltbar und damit ein wichtiges Nahrungsmittel für den Winter, wenn die Kühe nur wenig Milch gaben.

Tipp: In einer Ausstellung rund um die Themen „Heu & Milch" im Wirtschaftsteil des Hofs aus Altenbeuern erfahrt Ihr mehr über die Arbeit der Bauern früher. Wenn Ihr inzwischen Hunger bekommen habt, findet Ihr nicht weit entfernt den Biergarten am Salettl aus Staudham (E5). Außerdem gibt es draußen eine historische Kegelbahn, die man mieten kann.

HINTER DEN TÜREN...
DER GEHEIMNISVOLLE
BRIEF

Max stand schlecht gelaunt am Eingang der Glentleiten. Morgen würde Emily wieder nach Hause fahren. Er kickte einen Stein über den Boden. Und dabei gab es so viele Geschichten und Geheimnisse, die sie noch nicht gelüftet hatten. Wie sollte er die Zeit überstehen, bis Emily das nächste Mal ihren Urlaub bei ihrer Tante verbringen würde? Doch Max wurde aus seinen trüben Gedanken gerissen, als er Emily die Straße herunterkommen sah. Sie lächelte und Max wusste, dass er dieses Lächeln echt vermissen würde. Er zwang sich ebenfalls zu einem schiefen Grinsen und ging ihr entgegen. „Hey Emily. Alles klar?"

„Klar, alles klar, Max. Was machen wir heute am letzten Tag? Gucken wir wieder hinter alte Türen?" „Erst einmal bleiben wir hier und dann sehen wir weiter," antwortete Max und schob sie vor sich her. Und dann zeigte er Emily etwas, das nur wenige Besucher der Glentleiten jemals zu sehen bekamen. Er besuchte mit ihr die Museums-Werkstätten.

Hier wurden die Möbel für die Häuser restauriert, hier wurden alte Kleidungsstücke vorsichtig repariert und schützend verpackt (der Fachbegriff hierfür ist „konserviert"). Emily war fasziniert vom Depot, in dem alte Nähmaschinen, Lederkoffer, Schuhe und Körbe standen. Alles war mit einer Nummer versehen und wunderbar ordentlich aufgereiht in Regalen und Schränken, um bei passender Gelegenheit in den Häusern oder für Sonderausstellungen eingesetzt zu werden. Im Plan- und Fotoarchiv lagerte das Gedächtnis des Freilichtmuseums Glentleiten, hier wurde alles festgehalten, was mit den Häusern in Zusammenhang stand. Baupläne, Familiengeschichten, Fotoaufnahmen, auch dadurch konnten die Häuser für die Nachwelt erhalten werden. Emilys Herz klopfte heftig, als ihr Max diese Schätze zeigte. Als sie das Verwaltungsgebäude eine Stunde später verließen, nahm Max sie an die Hand. „Noch eine Tür, Emily?"

Sie hatte nichts dagegen, dass Max sie noch einmal mit sich zog. Das letzte Mal in diesen Ferien, ließ sie sich von Max einen Blick in längst vergangene Zeiten zeigen. Ziel war der Dachboden des Bachlhofs. Max öffnete die Klappe, die zum Dachboden führte und fand… dort diesmal ausnahmsweise nicht den direkten Blick in die Vergangenheit, sondern einen Brief! Darauf stand „von Max".

Emily und Max sahen sich an. Was hatte das zu bedeuten? „Mach ihn auf", hauchte Emily. Sie blickte Max über die Schulter, während er den Brief leise vorlas:

„Sehr geehrter Finder dieses Briefes,
mein Name ist Max Meyl, unser Leben am Hof wird vom
Krieg beherrscht. Es ist schwer, zurechtzukommen. Ich leite
eine Postdienststelle in diesem Haus. Briefe haben eine
erstaunliche Fähigkeit: Sie transportieren die Vergangenheit
in die Zukunft. Denn während ich diesen Brief schreibe, weiß
ich, wer auch immer ihn liest, er wird es in der Zukunft tun.

Ich weiß nicht, wie der Krieg ausgeht, wie und ob das Haus übersteht, was es zu überstehen gibt. Aber ich weiß, dass jeder Tisch, jeder Balken und jeder Stein hier eine Geschichte erzählen könnte. Ich wünschte, man würde diese Hausge-

schichten für immer bewahren. Sie erzählen vom Glück, vom Leid und von den Menschen, die hier wohnten. Und manchmal gestatten sie auch einen Blick in die Vergangenheit, wenn man die Türen zur richtigen Zeit öffnet....
Wer auch immer diese Zeilen liest, möge diese Augenblicke der Vergangenheit für alle bewahren, die nach uns kommen. Alles Gute
Max Meyl"

Max ließ den Brief sinken, als Emily leise sagte: „Ein Brief von Max an Max, das kann doch gar nicht sein!"

Gedankenversunken verließen sie den Bachlhof und wussten beide, dass sie sich schreiben würden, bis sie sich das nächste Mal wiedersahen. Schließlich war es Max, der als erster etwas sagte: „Weißt du eigentlich, dass mein Großvater auch eine Zeit lang im Bauernhausmuseum Amerang gearbeitet hat?"

„Wirklich?" Emilys Augen leuchteten, denn inzwischen gefielen ihr die vielen Geheimnisse hinter den Türen sehr. Die Aufenthalte bei ihrer Tante in Murnau wären sonst nicht halb so spannend gewesen. Die Aussicht, im Bauernhausmuseum Amerang weitere Geschichten aufzustöbern, war ganz wunderbar.

„Das ist ja super", rief Emily laut und sprang vor Freude in die Luft. „Amerang, wir kommen!"

Übersichtskarte Freilichtmuseum Glentleiten

Wetzsteinmacherei

Fischerhütte **T1** **T4** **T5**

Mühle

Kramerladen

18

18b **18a**

Hof aus Kochel

13

13b

13a

13c

T11 **22**

Systembauhalle
aus Warngau

Hof aus
Altenbeuern

32

Hof aus
Rottach-Egern

32a

Weberbauerkaser von
der Haidenholzalm **A5**

Hirtenhütte vom
Wildfeuerberg **A6**

Doppelkaser von
der Mitterkaseralm **A**

Tuffsäge

T9

Köhlerei   T8

Schmiede   T7

T6

Säge

42

Kleinanwesen aus Straß

64b

64   Hofmühle

64a   T12

Hof aus Heretsham

Hanndlkaser von
der Duslaualm

A1   Rundumkaser
aus Schönau

A2   Brunnerkaser von
der Mordaualm

Öffnungszeiten

19. März bis 11. November
Dienstag bis Sonntag: 9.00 – 18.00 Uhr
Nach der Sommerzeit bis 17.00 Uhr
An Feiertagen und von Juni bis September auch montags
geöffnet. Im Winter ist das Freilichtmuseum geschlossen.

Wo liegt das Freilichtmuseum Glentleiten?

Freundeskreis Freilichtmuseum Südbayern e.V.

Der Freundeskreis hat fast 3.500 Mitglieder. Sein Ziel ist die wirkungsvolle Unterstützung des Museums. Seit vielen Jahren engagiert sich der Verein finanziell und ideell, ermöglicht Forschungsarbeiten und museumspädagogische Aktivitäten, den Erwerb
ausgewählter Sammlungsobjekte sowie deren Dokumentation
und Konservierung und nicht zuletzt Publikationen für Groß und
Klein wie beispielsweise diesen Kindermuseumsführer.
Mit dem Beitritt zum Freundeskreis unterstützt man nicht nur die
Arbeit des Freilichtmuseums: Als Mitglied erhält man ganzjährig freien Eintritt, wird persönlich zu Sonderveranstaltungen und
Ausstellungseröffnungen eingeladen und bekommt Informationen
rund um die Museumsarbeit. Dazu gehört auch der kostenlose
Bezug des „Jahrbuchs für die oberbayerischen Freilichtmuseen
Glentleiten und Amerang".

Danke!

Ich danke zunächst Frau Dr. Monika Kania-Schütz, Museumsdirektorin der Freilichtmuseen Glentleiten und Amerang, sowie dem museumspädagogischen Team des Freilichtmuseums Glentleiten für die fachliche und persönliche Unterstützung. Insbesondere Beate Lohner und Max Keck haben durch ihren engagierter Einsatz dazu beigetragen, diesen Museumsführer für Kinder zu realisieren. Darüber hinaus hat Dr. Claudia Richartz, örtliche Leitung Bauernhausmuseum Amerang, maßgebend zum guten Gelingen dieses Museumsbuches beigetragen. Auch Jan Borgmann, Leiter der volkskundlichen Sammlung, spreche ich meinen ausdrücklichen Dank aus.

Ganz besonders danke ich auch Michael Volk und seinem Verlagsteam für die – wie immer – wunderbare und professionelle Zusammenarbeit. Insbesondere meine Lektorin Nadine Burks möchte ich an dieser Stelle erwähnen, die mit Expertenblick meine Fehler findet. Ebenso möchte ich Martina Mair für ihre fabelhaften Illustrationen danken.

Ein Buch besteht immer aus der Summe der Menschen, die daran gewissenhaft und mit Freude gearbeitet haben!

Diana Hillebrand
München, Juli 2013

Diana Hillebrand

Diana Hillebrand lebt mit ihrem Mann und ihrer Tochter in ihrer Wahlheimat München als freie Autorin und Dozentin für Kreatives Schreiben. Sie unterrichtet Nachwuchsautoren in München-Sendling an ihrer WortWerkstatt SCHREIBundWEISE. Doch auch darüber hinaus ist sie seit einigen Jahren mit der Moderation eines monatlichen Literaturtreffs, Lesungen und der Teilnahme an Lese-Events in der Münchner Literaturszene sehr engagiert. Im Volk Verlag erscheint ebenfalls die erfolgreiche Paula-Reihe.

Martina Mair

Martina Mair wurde 1971 in Freising bei München geboren. Schon mit vier Jahren nahm sie zum ersten Mal an einem Malkurs teil. Später besuchte sie die Berufsfachschule für Grafik & Design in München, um einige Jahre darauf an der Akademie der Bildenden Künste in München bei Professor Jerry Zeniuk Malerei zu studieren. Martina Mair lebt und arbeitet als freischaffende Künstlerin und als freiberufliche Kinderbuchautorin und -illustratorin in München. Wenn sie nicht gerade zeichnend am Tisch sitzt, ist sie in der Natur oder gerade verreist.

Noch mehr Abenteuer
von Max und Emily

Max und Emily verbringen ihre Ferien im Bauernhausmuseum Amerang. Und auch hier warten hinter den Türen
der alten Höfe, Stadel und Werkstätten wieder jede Menge
Geheimnisse und Abenteuer auf die beiden. Beim Blick in
die Vergangenheit beobachten Max und Emily die ehemaligen Bewohner eines Hofes dabei, wie diese ein ganz besonderes Ei suchen, sehen einen geheimnisvollen schwarzen
Wagen, der sich mitten in der Nacht auf den Weg macht,
und erfahren, warum Bienen in einer Villa wohnten.

Diana Hillebrand (Text) / Martina Mair (Illustrationen)
Bienenhaus und Wasserrad
Max und Emily entdecken das Bauernhausmuseum Amerang
Hardcover, 120 Seiten
12,- Euro
ISBN 978-3-86222-121-9
Volk Verlag

Mehr von Diana Hillebrand im Volk Verlag

Paula liebt Tiere über alles! Durch einen Wettbewerb wird sie Tierpark-Reporterin für Hellabrunn und darf so in Bereiche, die sonst für Besucher unzugänglich sind. Paula begegnet Tierarten, von denen sie vorher noch nie gehört hat, und erlebt allerhand Abenteuer mit den „Zoobewohnern": Sie wird von einem Bison verfolgt, trifft auf den verliebten Eisbären „Yoghi", führt Gedankengespräche mit einer Gorilla-Dame und verliert bei all dem Trubel ihren geliebten Krokodilstift. Auf der Suche nach dem Stift lernt sie den Jungen Luca kennen und findet in ihm einen Freund fürs Leben.

Diana Hillebrand (Text) / Stefanie Duckstein (Illustrationen)
Paula, die Tierpark-Reporterin
Abenteuer in Hellabrunn
Hardcover, 192 Seiten
14,90 Euro
ISBN 978-3-86222-019-9
Volk Verlag

Als Paula den fast schwarzen Kater Montgomery aus einem
Keller befreit, ahnt sie nicht, dass er sie auf die Spur der
geheimnisvollen Miss Agatha Bloom führen wird. Die eigen-
willige englische Dame lebt in einem schiefen Haus mitten in
München. Doch erst als Paula zusammen mit ihrem besten
Freund Luca das Haus betritt, erkennen sie Miss Blooms
Problem: Sie hat die Fragekrankheit! Um ihr zu helfen,
machen sich Luca und Paula in 18 Münchner Museen auf
die Suche nach Antworten. Dabei ¬finden sie einen Elefan-
tenkeller, das Feuerzeug der Steinzeitmenschen, eine ägyp-
tische Königin, einen griechischen Helden und vieles mehr.

Diana Hillebrand (Text) / Stefanie Duckstein (Illustrationen)
Paula und die geheimnisvolle Miss Bloom
Abenteuer in Münchner Museen
Hardcover, 240 Seiten
16,90 Euro
ISBN 978-3-86222-087-8
Volk Verlag